DIAGNÓSTICO PSICOPEDAGÓGICO

Conceptos básicos y aplicaciones

María Cristina Cardona Moltó
Esther Chiner Sanz
Ana Lattur Devesa

Título: Diagnóstico psicopedagógico

Autores: © Maria Cristina Cardona Moltó
Esther Chiner Sanz
Ana Lattur Devesa

ISBN–13: 978–84–8454–543–9
ISBN–10: 84–8454–543–1
Depósito legal: A–833-2006

Edita: Editorial Club Universitario Telf.: 96 567 61 33
C/. Cottolengo, 25 – San Vicente (Alicante)
www.ecu.fm

Printed in Spain
Imprime: Imprenta Gamma Telf.: 965 67 19 87
C/. Cottolengo, 25 – San Vicente (Alicante)
www.gamma.fm
gamma@gamma.fm

Índice

Presentación

La identificación y evaluación de las necesidades educativas que concurren en un alumno y/o contexto en un determinado momento de su escolarización es una de las tareas más comprometidas del proceso de diagnóstico. Para realizar con precisión dichas tareas y funciones, los profesionales de la orientación deben disponer de un repertorio básico de competencias que les permita llevar a cabo evaluaciones del alumnado (aptitudes, intereses, preferencias de aprendizaje), así como del contexto (ambiente de enseñanza-aprendizaje) justas y adecuadas a las necesidades detectadas.

En el ámbito psicopedagógico, continúa habiendo una necesidad imperiosa de conocer y comprender las consecuencias que los procesos de diagnóstico pueden tener en la persona evaluada. Por ello es necesario ser lo suficiente cautos y diligentes para evitar a toda costa realizar diagnósticos poco precisos o, incluso, equivocados que en nada beneficiarían al alumno.

Por si esto fuera poco, en el campo del diagnóstico, la literatura continúa haciendo hincapié en la conveniencia de realizar evaluaciones *prácticas* y funcionales al objeto de que la identificación de las necesidades educativas encuentren su correlato en orientaciones para la práctica y no acaben siendo sólo teoría.

Diagnóstico psicopedagógico: conceptos básicos y aplicaciones trata de salir al paso de estas dos importantes facetas del diagnóstico: (1) la necesidad de hacer hincapié en la extrema precaución que deben tomar los orientadores a la hora de realizar diagnósticos válidos y (2) la conveniencia de llevar a cabo procesos de evaluación y diagnóstico basados en métodos y procedimientos de recogida de datos consistentes, precisos y apropiados a cada situación. Estas dos razones son las que nos ha llevado a preparar el material que el lector tiene en sus manos.

Los ocho capítulos y los cuatro casos prácticos de que consta este libro se distribuyen en tres partes. En la primera parte, "Introducción al diagnóstico psicopedagógico", se abordan cuestiones básicas relacionadas con el concepto y las funciones del diagnóstico, la descripción del proceso y la presentación de los resultados o informe final.

En la segunda parte, "Técnicas e instrumentos de evaluación", se presentan y describen las técnicas e instrumentos de evaluación más frecuentemente utilizados en el ámbito del diagnóstico. Así, por ejemplo, en el Capítulo 4 se estudian las técnicas psicométricas (pruebas de aptitud, rendimiento, etc.) y proyectivas, y se describen algunos de los tests más conocidos en el mercado. El Capítulo 5, se dedica al estudio de la técnica del autoinforme y al análisis de sus diferentes tipos. El Capítulo 6, a la Observación y análisis de la utilidad que puede aportar esta técnica al proceso de diagnóstico. El Capítulo 7, "Técnicas objetivas", resume y sintetiza este tipo de pruebas aportando información sobre su concepto, así como el tipo de aparatos utilizados para medir los diversos procesos y/o manifestaciones de la actividad cognitiva, motora y/o psicofisiológica. Finalmente, en el Capítulo 8, se abordan las pruebas hechas por el profesor y se valora su utilidad como procedimientos de evaluación auténtica.

En la tercera parte, "Interpretación de los resultados de la evaluación", se incluyen cuatro estudios de caso a través de los cuales se pone al estudiante en situación de interpretar resultados procedentes de la evaluación, proponer orientaciones para la intervención y tomar decisiones en base a los datos presentados. Ésta es quizás la parte más emblemática y compleja del diagnóstico y, por esta misma razón, la de mayor significado e interés educativo para el estudiante.

Todos los capítulos se complementan con un apartado de actividades que tienen el objetivo de conectar y tratar de contextualizar los contenidos teóricos con las aplicaciones prácticas. La combinación del componente teórico con el práctico hace de este libro un material especialmente idóneo para la docencia de la materia *Diagnóstico psicopedagógico* en los títulos de grado de formación de Maestro, así como de los títulos de postgrado o Máster en psicopedagogía y educación.

Las autoras

PRIMERA PARTE
Introducción al diagnóstico psicopedagógico

Capítulo 1
El diagnóstico psicopedagógico

1. Concepto de diagnóstico psicopedagógico
2. Funciones y tipos del diagnóstico psicopedagógico
3. Dimensiones, ámbitos y áreas de actuación
4. Modelos de diagnóstico
   4.1. Modelo psicométrico
   4.2. Modelo evolutivo
   4.3. Modelo conductual
   4.4. Modelo cognitivo
5. Síntesis
6. Actividades

1. Concepto de diagnóstico psicopedagógico

El término *diagnóstico* procede de las partículas griegas *diá*, que significa «a través de», y *gnosis*, que quiere decir «conocimiento». Es decir, su significado etimológico es «conocimiento de alguna característica utilizando unos medios a través del tiempo o a lo largo de un proceso». Además, el adjetivo *psicopedagógico* implica que este conocimiento está relacionado con la psicología y la educación. De este modo, podemos definir el diagnóstico psicopedagógico como un proceso a través del cual «se trata de describir, clasificar, predecir y, en su caso, explicar el comportamiento de un alumno en el contexto escolar. El diagnóstico incluye un conjunto de actividades de medición y evaluación de la persona (o grupo) o de la institución con el fin de proporcionar una orientación» (Buisán y Marín, 1987: 13).

El diagnóstico es un conocimiento de carácter *científico* que se obtiene, por un lado, de la información recogida a través de la acumulación de datos procedentes de la experiencia y, por otro lado, de la información recogida a través de medios técnicos (instrumentos psicométricos y tests), lo cual implica una labor de síntesis de toda la información recogida y una cierta competencia o dominio técnico del orientador.

Evaluación, *valoración* y *medición* son términos que están estrechamente relacionados con el diagnóstico, razón por la cual en la práctica se han utilizado indistintamente y han provocado cierta confusión y ambigüedad. En muchas ocasiones, se identifican los unos con los otros; por ello, es conveniente aclarar y definir con más precisión cada uno de estos conceptos.

La *medición* es una parte integrante del proceso de diagnóstico desde sus orígenes. A través de la medición, cuantificamos las diferencias en una determinada variable (Pelechano, 1978; Williams, 1982) mediante la asignación de números o valores. La medición es necesaria para actuar con rigor y precisión en el proceso de diagnóstico y, por ello, es una actividad incluida en este proceso (Dueñas, 2002).

La *evaluación* hace referencia no sólo al alumno, sino a cualquier manifestación o condición educativa: programa, currículum, métodos, recursos, organizaciones. Aunque es muy difícil llegar a una definición unívoca de este término, Lázaro (1990) le asigna tres rasgos fundamentales:

- Tiene un carácter procesual y dinámico.
- Abarca cualquier hecho educativo.
- Consta básicamente de tres fases: (1) recogida y sistematización de la información, (2) valoración de la información y (3) toma de decisiones.

Por último, la *valoración* es un concepto que tiende a identificarse con la evaluación prioritariamente psicológica, aun cuando su diferencia es mínima. Algunos autores, como Choppin (1990) y Martínez (1993), consideran que el término *valoración* aparece básicamente vinculado a actividades del proceso de enseñanza-aprendizaje y su objeto son las personas, mientras que el término *evaluación* tiene que ver más con actividades de investigación y desarrollo y su objeto son entidades abstractas como programas, currícula, etc. En cualquier caso, los dos términos se suelen utilizar indistintamente.

2. Funciones y tipos del diagnóstico psicopedagógico

El diagnóstico psicopedagógico tendrá una función diferente según los objetivos o fines que persiga (Buisán y Marín, 1987). Bruecker y Bond (1981) identifican tres objetivos fundamentales del proceso diagnóstico:

1) Comprobar el progreso del alumno hacia las metas educativas establecidas previamente en el ámbito cognoscitivo, afectivo y psicomotor.
2) Identificar los factores de la situación de enseñanza-aprendizaje que puedan interferir el óptimo desarrollo individual.

3) Adecuar la situación de enseñanza-aprendizaje a las características y necesidades de cada alumno con el fin de asegurar su desarrollo continuo y de ayudarle a superar las dificultades y/o retrasos.

Teniendo en cuenta estos objetivos, Buisán y Marín (1987) señalan como *funciones principales* del diagnóstico psicopedagógico las siguientes:

1) *Función preventiva y predictiva.* Se trata de conocer las posibilidades y limitaciones del individuo para prever el desarrollo y el aprendizaje futuros.
2) *Función de identificación del problema y de su gravedad.* Pretende averiguar las causas, personales o ambientales, que dificultan el desarrollo del alumno para modificarlas o corregirlas.
3) *Función orientadora.* Su finalidad es proponer pautas para la intervención, de acuerdo con las necesidades detectadas.
4) *Función correctiva.* Consiste en reorganizar la situación actual mediante la aplicación de la intervención y las recomendaciones oportunas.

Para varios autores, como por ejemplo Buisán y Marín (1987), Pérez Juste (1990) o Rodríguez Espinar (1986), la finalidad última del diagnóstico es la intervención (preventiva o correctiva). Es decir, el diagnóstico trata de facilitar la toma de decisiones sobre las actuaciones educativas más pertinentes al objeto de desarrollar al máximo las capacidades de la persona diagnosticada.

El diagnóstico psicopedagógico tiene pues diferentes funciones que están al servicio de los objetivos o finalidades del mismo (véase Tabla 1.1).

Atendiendo al *nivel de actuación,* Brueckner y Bond (1981) distinguen tres tipos de diagnóstico:

1) *Diagnóstico general o colectivo.* Se trata de un diagnóstico genérico aplicable a todos los sujetos y que consiste en recoger información de diversos ámbitos y en distintos momentos, mediante diferentes técnicas, para identificar posibles problemas y/o dificultades, comprender situaciones, y proponer soluciones a las mismas. A través de este diagnóstico, se pretende conocer a todos los alumnos y especialmente detectar necesidades. Es, por lo tanto, un diagnóstico de carácter preventivo.

Tabla 1.1
Relación entre las funciones y los objetivos del diagnóstico psicopedagógico

FUNCIONES	OBJETIVOS
Descripción	Conocer o identificar las características del alumno y del contexto.
Apreciación	Comprobar el progreso del alumno en su aprendizaje.
Predicción	
Clasificación / Selección	Tomar decisiones sobre actuaciones educativas.
Restructuración	Situar al alumno en el grupo (o en el nivel de dominio) adecuado a comienzos del proceso de aprendizaje.
Prevención	Reorganizar la situación actual o futura para lograr una evolución positiva.
Corrección	Analizar las necesidades para llegar a una adecuada toma de decisiones sobre la conveniencia de implantar o no un programa de intervención.
	Resolver problemas en el ámbito individual, grupal o comunitario.

Fuente: Dueñas (2002: 51)

2) *Diagnóstico analítico*. El objetivo de este diagnóstico es la identificación, tanto grupal como individual, de las anomalías, problemas y/o dificultades en el aprendizaje de alguna materia o dominio concreto. El diagnóstico analítico tiene un carácter más específico que el general y está orientado a la toma de decisiones para proponer actuaciones concretas, como por ejemplo mejorar

algún proceso deficitario u optimizar una determinada destreza, habilidad o capacidad.

3) *Diagnóstico individual*. Es aquel que se realiza a un solo alumno con el fin de obtener una información más completa de su funcionamiento, bien porque presente dificultades o fracasos continuados o generalizados, o bien porque se quiera conocer con más profundidad su rendimiento académico. En estos casos, el diagnóstico tendrá una función descriptiva y correctiva. En el supuesto de que el diagnóstico se hiciera a un alumno sin ningún tipo de problema, hablaríamos de una función preventiva o predictiva del diagnóstico.

3. Dimensiones, ámbitos y áreas de actuación

Tradicionalmente, se ha considerado que el diagnóstico psicopedagógico tenía que centrarse únicamente en el alumno y en sus características personales. Actualmente, y desde los nuevos enfoques interaccionistas, ecológicos o sistémicos (Martínez, 1993), se considera necesario tener en cuenta, además de lo anterior, el contexto educativo y social en el que está inmerso el alumno (familia, escuela y comunidad). Factores contextuales como las relaciones familiares, los profesores o el entorno social pueden estar influyendo en el rendimiento del alumno en la escuela y en su desarrollo.

Así pues, siguiendo la clasificación de Martínez (1993), se pueden establecer tres dimensiones del diagnóstico: individual, académica y socio-ambiental. Estas dimensiones tienen ámbitos diversos de aplicación (e.g., cognitivo, afectivo, social), así como áreas de actuación o intervención también diversas (e.g., ámbito del rendimiento académico, la adaptación personal/social, la motivación, la conducta, etc.). Para un análisis más detallado de las dimensiones del diagnóstico, de sus ámbitos de intervención, así como de las áreas o dominios objeto de diagnóstico, véase Tabla 1.2.

4. Modelos de diagnóstico

Según Maganto (1996), un modelo es una acepción científica que hace referencia a una serie de aspectos epistemológicos –conceptuales y metodológicos– que sirven de base a la actuación práctica en un campo determinado con ciertas garantías científicas. Los modelos tienen gran importancia porque proporcionan guías para la acción y conocerlos ayuda a realizar las tareas de diagnóstico de varias maneras (Martínez, 1993).

Uno de los impedimentos con el que topamos a la hora de realizar un diagnóstico psicopedagógico es la dificultad de encontrar un modelo propio que nos dé las directrices para seguir adecuadamente el proceso. En la práctica, son diversos los modelos que, prestados de otras disciplinas como la psicología, la sociología o la medicina, han aportado su granito de arena, sirviéndonos de guía para llevar a cabo con mayor o menor éxito dichos procesos. Sin embargo, elegir un modelo u otro supone compartir ciertas concepciones teóricas y adoptar determinados procedimientos, métodos y técnicas de evaluación. Por esta razón, el marco de referencia adoptado condicionará siempre el tipo de diagnóstico a realizar (Dueñas, 2002).

Los modelos de diagnóstico que se han utilizado en el ámbito de la pedagogía son de índole variada. Por ejemplo, Fernández Ballesteros (1992) y Maganto (1996) hablan de cuatro modelos: modelo del rasgo o del atributo, modelo psicodinámico, modelo conductual y modelo cognitivo.

Marí (2001) los clasifica según estén centrados en el alumno (diagnóstico neuropsicológico, tradicional, conductual, cognitivo, pedagogía operatoria), centrados en el contexto (diagnóstico conductual, cognitivo social o interaccionista, interacción entre iguales, análisis institucional, teorías ecológicas) y modelos centrados en el proceso de enseñanza-aprendizaje (evaluación de centros, del profesorado, diagnóstico curricular, modelo integrador de evaluación diagnóstica).

Tabla 1.2
Dimensiones, ámbitos y áreas de actuación del diagnóstico psicopedagógico

Dimensión	Ámbito	Área
	Biológico	Desarrollo físico y madurativo. Salud física. Estado psicofisiológico y psiconeurológico. Sensaciones y percepciones.
	Psicomotor	Motricidad fina y básica. Coordinación psicomotriz. Lateralidad. Esquema corporal.
Personal	Cognoscitivo	Desarrollo intelectual. Inteligencia general. Aptitudes específicas. Potencial de aprendizaje. Estilo de aprendizaje. Conocimientos básicos. Pensamiento conceptual y creativo. Lenguaje.
	Cognitivo	Estilos cognitivos. Creencias. Memoria. Imaginación. Estrategias de resolución de problemas.
	Motivacional	Atribuciones. Expectativas. Intereses. Actitudes.

Afectivo	Historia personal.
	Estabilidad emocional.
	Rasgos de personalidad.
	Adaptación personal.
	Autoconcepto.
Social	Desarrollo social.
	Habilidades sociales.
	Adaptación social.
	Interacción social.

Fuente: Adaptado de Martínez (1993: 50-53)

Tabla 1.2 (continuación)
Dimensiones, ámbitos y áreas de actuación del diagnóstico
psicopedagógico

Dimensión	Ámbito	Área
Socioambiental	Centro educativo	Aspectos físicos y arquitectónicos. Recursos. Organización y funcionamiento. Proyecto educativo. Servicios especiales: orientación, diagnóstico, aulas de apoyo. Aspectos sociodemográficos. Aspectos psicosociales. Relaciones con la familia y la comunidad.
	Familia	Aspectos socioestructurales: clase social, configuración, magnitud, etc. Aspectos procesuales: interacción familiar, estilo educativo, valores, percepciones, expectativas, etc. Aspectos socioacadémicos: interés por los temas académicos, cooperación con el centro escolar, grado de conocimientos sobre el sistema educativo, relación y participación con el centro, etc.
	Grupo de padres	Aspectos socioestructurales: edad, clase social dominante. Aspectos procesuals: valores, actitudes, intereses, aspiraciones, etc. Aspectos socioacadémicos: grado de conocimiento del sistema educativo, expectativas, rendimiento académico, actitudes hacia el centro educativo, las materias y las tareas escolares.
	Comunidad	Aspectos socioestructurales y demográficos. Aspectos procesuales: valores, actitudes, intereses, etc. Aspectos socioacadémicos: grado de conocimiento general de la población sobre el sistema educativo y su funcionamiento, actitudes, etc.

Fuente: Adaptado de Martínez (1993: 50-53)

Tabla 1.2 (continuación)
Dimensiones, ámbitos y áreas de actuación del diagnóstico psicopedagógico

Dimensión	Ámbito	Área
Académica	Alumno	Conceptos básicos. Conocimientos instrumentales básicos. Motivación e interés por la escuela. Adaptación escolar o académica. Hábitos y técnicas de estudio. Rendimiento académico.
	Profesor	Formación y especialización. Experiencia docente. Expectativas profesionales. Estilo, calidad y eficacia docente. Motivación y satisfacción profesional.
	Aula	Clima del aula: motivación, relaciones profesor-alumno y alumno-alumno, organización, control, competitividad, etc.
	Programas y medios educativos	Detección de necesidades. Objetivos. Contenidos. Actividades. Metodología. Recursos (materiales, personales). Evaluación.

Fuente: Adaptado de Martínez (1993: 50-53)

Finalmente, Dueñas (2002) clasifica los modelos de diagnóstico psicopedagógico teniendo en cuenta la concepción teórica de la que se parte, el objeto de estudio, la finalidad, el método, las técnicas, el campo de aplicación y las variables que se utilizan. A continuación, nos referiremos a cuatro de los modelos más empleados en el ámbito de la psicopedagogía: el modelo psicométrico, el evolutivo, el conductual y el cognitivo.

4.1. Modelo psicométrico

El modelo psicométrico, conocido también como modelo del atributo, del rasgo, diferencial o tradicional, constituye uno de los primeros modelos psicológicos de diagnóstico. Es un modelo desarrollado en categorías, cuantitativamente descriptivas, de la capacidad o aptitud intelectual de las personas (Fierro, 1984). Tiene como objetivos fundamentales la descripción de los rasgos personales, la clasificación según unas determinadas características (e.g., inteligencia, aptitudes, rasgos de personalidad) y la predicción del comportamiento futuro. Los supuestos conceptuales de los que parte este modelo (Dueñas, 2002) son:

1) La conducta del sujeto se explica y viene determinada por variables del organismo intrapsíquicas como la inteligencia, las aptitudes, los rasgos de personalidad, etc., variables todas ellas en las que las personas difieren.
2) Las variables intrapsíquicas sólo pueden ser diagnosticadas mediante las manifestaciones externas (las conductas) indirectas de estos constructos.
3) Los constructos internos o variables intrapsíquicas dan estabilidad y consistencia al comportamiento a lo largo del tiempo y de las situaciones.
4) Las unidades de análisis son la medición de los rasgos, dimensiones o factores que conforman la personalidad. Estos rasgos tienen un carácter genético y se apoyan en el supuesto de la estabilidad y consistencia de la conducta.
5) Los cambios en la conducta de un sujeto pueden ser debidos a la evolución madurativa o a un proceso patológico.
6) Las variables ambientales interesan sólo en la medida en que pueden explicar la formación o constitución de los rasgos y los factores de la personalidad.

Las técnicas más habituales para la recogida de datos son los tests estandarizados que miden de manera indirecta el comportamiento del sujeto, generalmente en áreas como la inteligencia, la personalidad, la motivación y los intereses. El diagnóstico tiene, por lo tanto, un carácter normativo en el que los resultados individuales se interpretan comparándolos con la norma (el grupo de referencia). Otras técnicas que también se suelen utilizar son los tests proyectivos, los cuestionarios, las escalas, las entrevistas, etc.

En el ámbito educativo, el modelo psicométrico se utiliza con profusión tanto en orientación personal (descripción y clasificación de los alumnos) como en orientación profesional para ayudar a la persona en la toma de decisiones a la hora de elegir una carrera, una profesión o un puesto de trabajo.

Aun cuando este modelo es uno de los más utilizados por su economía, coherencia teórica y funcionalidad, los cambios educativos y la evolución del concepto de diagnóstico han hecho que se hayan introducido cambios en la valoración no sólo cuantitativa, sino también cualitativa de las pruebas utilizadas, la utilización conjunta de pruebas normativas y criteriales, o en el uso de técnicas de observación y en análisis de tareas. En el cuadro siguiente (Tabla 1.3) se muestran de una manera esquemática las características fundamentales del modelo psicométrico.

Tabla 1.3
Características del modelo de diagnóstico psicométrico

Supuestos básicos	Elementos de análisis	Objetivos	Técnicas
Conducta explicada por rasgos o factores internos inobservables.	Rasgos internos inobservables de la personalidad o de la inteligencia.	Identificar diferencias interindividuales.	Entrevistas no estructuradas.
La conducta se entiende como un signo de la personalidad.	Competencias adquiridas.	Describir las características de la personalidad o de la inteligencia.	Observación no sistemática.
La conducta es estable.		Clasificar o seleccionar.	

Fuente: Adaptado de Marí (2001: 143)

4.2. Modelo evolutivo

El modelo de diagnóstico evolutivo u operatorio parte del supuesto teórico piagetiano de la conducta humana es el resultado de la combinación de cuatro factores: la maduración, la experiencia, la transmisión social y el equilibrio entre el organismo y el medio. La mente humana consiste en una organización progresiva que va construyéndose a lo largo de un proceso inacabado a través de sucesivos estadios o periodos: sensorio motor, preoperatorio, operatorio y lógico formal.

El objetivo principal de este modelo es determinar el nivel actual de funcionamiento cognitivo. Es decir, proporcionar información sobre las etapas del desarrollo cognitivo del alumno dentro de cada estadio. Se trata de un diagnóstico dinámico y explicativo, no descriptivo, porque intenta explicar el tipo de organización cognitiva que hace posible la dinámica del desarrollo.

Los supuestos teóricos en los que se basa el modelo evolutivo son:

1) El equilibrio entre el organismo y el medio se logra mediante un mecanismo de asimilación (proceso de incorporación de objetos a los «esquemas» del sujeto) y de acomodación (adaptaciones que van produciendo modificaciones en función de los objetos y de la influencia del medio).
2) Los «esquemas» estructuran las experiencias pasadas y facilitan la incorporación de experiencias futuras.
3) Las estructuras del pensamiento y de la conducta se desarrollan en un orden de sucesión constante. Cada nueva estructura tiene un carácter integrador en relación a la anterior y supone una mejora respecto de éstas (Piaget, 1971).

El diagnóstico psicopedagógico, siguiendo el modelo evolutivo, se basa en una metodología clínico-experimental en la que se combina la entrevista clínica con el método experimental. A través de la observación directa y de la interacción entre el orientador y el alumno, se intenta conocer el estadio en el que se encuentra el sujeto y el nivel de adquisición de los esquemas característicos de cada estadio.

Los instrumentos y técnicas de evaluación utilizados para el diagnóstico han sido construidos sobre la teoría de Piaget. Consisten en escalas que evalúan los diversos estadios del desarrollo cognoscitivo. La Tabla 1.4 recoge de manera resumida las principales características del diagnóstico psicopedagógico de corte evolutivo.

4.3. Modelo conductual

El modelo conductual o funcional apareció como alternativa a las limitaciones del modelo psicométrico y se define, en palabras de Fernández Ballesteros y Carrobles (1989), como «aquella alternativa a la evaluación psicológica a través de la cual se trata de identificar las conductas objeto de estudio, tanto motoras como fisiológicas o cognitivas, como también las variables ambientales o internas que las mantienen o controlan, con el objetivo de llevar a cabo un tratamiento o cualquier tipo de intervención psicológica» (p. 64).

Tabla 1.4
Características del modelo de diagnóstico evolutivo

Supuestos teóricos	Elementos de análisis	Objetivos	Técnicas
Concepción global de la persona.	Estrategias y procesos de formación de las estructuras cognitivas.	Establecer diferencias interindividuales e intrasujeto.	Metodología clínica – experimental.
La conducta del sujeto viene determinada por la interacción del organismo con el ambiente.	Determinación del desarrollo o estadio evolutivo de la estructura cognitiva de un sujeto o grupo.	Describir las estructuras cognitivas.	Entrevistas clínicas y otras no estandarizadas con elementos de apoyo.
Atención a las diferencias cualitativas.	Estructuras cognitivas.	Predecir.	Escalas de desarrollo.
		Planificar una acción educativa para conseguir la maduración necesaria.	
		Clasificación y selección.	

Fuente: Adaptado de Marí (2001: 143)

Las semejanzas y diferencias entre el modelo tradicional psicométrico y el modelo evolutivo aparecen descritas en las Tablas 1.5 y 1.6, respectivamente.

Tabla 1.5
Semejanzas entre los modelos de diagnóstico psicométrico y evolutivo

Semejanzas
• Las funciones intelectuales que se miden han de estar desarrolladas a cierta edad.
• Ambos aceptan los determinantes genéticos y madurativos de la inteligencia.
• La maduración de los procesos intelectuales se completa en algún momento durante la adolescencia tardía.
• Ambos utilizan metodología no experimental.
• Ambos pronostican la conducta intelectual fuera de la situación de prueba.
• Ambos entienden la inteligencia como esencialmente racional.

Fuente: Sattler (1996: 67)

Tabla 1.6
Diferencias entre los modelos de diagnóstico psicométrico y evolutivo

Modelo psicométrico	Modelo evolutivo
• Se centra en las diferencias interindividuales.	• Hace referencia a los cambios intraindividuales.
• Hace un diagnóstico de tipo descriptivo, estructural y no explicativo.	• Hace un diagnóstico dinámico y explicativo.
• La inteligencia se distribuye de manera aleatoria en una población siguiendo una distribución normal.	• El desarrollo intelectual tiene un carácter cualitativo en el que varios factores le dan una dirección definitiva.
• Es instrumental y descriptivo y pone énfasis en el resultado del rendimiento intelectual.	• Es cualitativo y analítico, y da importancia a los procesos cognitivos y a las estrategias que el sujeto utiliza.
• El desarrollo intelectual es como una curva, a partir de la cual se puede predecir la cantidad de inteligencia a cierta edad.	• El desarrollo intelectual es la formación de nuevas estructuras mentales y la aparición de nuevas capacidades mentales.

Fuente: Sattler (1996: 67)

La finalidad del modelo conductual es el estudio del comportamiento humano observable, independientemente de su etiología. Concretamente trata de:

- Establecer las relaciones funcionales de la conducta-problema para diseñar la intervención más conveniente en cada caso.
- Describir, explicar y modificar determinados comportamientos.
- Predecir, instaurar y controlar o modificar la conducta a partir de la manipulación de variables independientes (variables externas).

Los supuestos básicos de los que parte son:

1) El control y la explicación del comportamiento se llevan a cabo mediante el análisis de las variables ambientales que afectan a la conducta.
2) Hay una interrelación entre los antecedentes o estímulos, el comportamiento y las consecuencias o refuerzos. Estos tres elementos son funcionalmente interdependientes.
3) El modelo conductual se basa en una psicología objetiva de orientación experimental y conductista.
4) El modelo conductual parte de un enfoque en el que las conductas ya se han aprendido o van a ser aprendidas. Se pone el énfasis en los condicionamientos ambientales, situacionales y sociales que influyen sobre la conducta. La mayoría de las conductas pueden ser aprendidas o modificadas mediante procedimientos de aprendizaje.
5) El diagnóstico tiene un carácter funcional y consiste básicamente en determinar las características conductuales del individuo, independientemente de su etiología.

Los métodos más utilizados para la recogida de la información son (1) la *observación* mediante técnicas como los registros narrativos, las escalas de apreciación, los códigos de conducta, los autorregistros, los cuestionarios o inventarios y la entrevista estructurada y (2) la *experimentación* en la que se manipulan las variables contextuales o ambientales para comprobar sus efectos sobre la conducta (modificación de la conducta). Por lo tanto, en el proceso de diagnóstico, la evaluación o la modificación de la conducta seguiría los pasos siguientes (Kirchner, Torres y Hornos, 1998: 112):

1) Identificación de las variables que controlan la conducta-problema.
2) Identificación y delimitación de la conducta o de las conductas alteradas (intensidad, duración, frecuencia).
3) Identificación de las consecuencias o refuerzos de las conductas.
4) Evaluación del cambio, una vez se ha manipulado la variable independiente.
5) Evaluación del mantenimiento del cambio, pasado un cierto tiempo.
6) Evaluación de la aparición de las nuevas conductas.

El modelo conductual tiene una aplicación importante en campos tan diversos como el clínico, laboral, social o deportivo. En el ámbito educativo, habría que destacar sus aplicaciones en los trastornos de la atención, los problemas de lectoescritura y, en general, de aprendizaje, como también en la modificación y adquisición de técnicas y hábitos de estudio, etc.

Este modelo tiene como aspectos positivos el pragmatismo y la estrecha relación entre la evaluación y el tratamiento. Sin embargo, se ha cuestionado la fiabilidad y validez de los datos obtenidos a través de la observación, su visión molecular de la persona y, lo que es más importante, el olvido o la indiferencia de los procesos mentales superiores (pensamientos, sentimientos, creatividad, imaginación). Por estas razones, se considera un modelo «reduccionista».

En la Tabla 1.7, se incluyen las características más relevantes del modelo, tanto en lo que se refiere a los aspectos conceptuales como a los metodológicos. Asimismo, se comparan sus características con las del modelo tradicional.

4.4. Modelo cognitivo

Frente al modelo conductual que dejaba de lado los procesos mentales superiores de las personas para centrarse únicamente en las conductas observables, el modelo cognitivo considera al hombre un ser activo que puede desarrollar sus potencialidades, si se trabajan variables cognitivas como, por ejemplo, el razonamiento, la comprensión, la memoria, la atención, la percepción, el lenguaje, etc. El objetivo del paradigma cognitivista es la comprensión de los fenómenos mentales.

Tabla 1.7
Análisis comparativo de los modelos de diagnóstico tradicional y conductual

ASPECTOS CONCEPTUALES	MODELO TRADICIONAL	MODELO CONDUCTUAL
Concepción de la conducta	Es un reflejo de constructos internos de la personalidad (estados y rasgos).	Es un reflejo de la interacción entre variables del organismo y cognitivas, y variables situacionales.
Interpretación de la conducta	Conducta como signo.	Conducta como muestra.
Unidades de análisis	Rasgos (psicométricos y dinámicos).	Respuestas psicofisiológicas y situacionales.
Diacronía	La historia es importante para explicar el presente.	La historia es irrelevante.
Consistencia	La conducta es consistente en el tiempo y las situaciones.	La conducta se modifica en cada situación.
Predicción	Énfasis en la etiología.	Énfasis en las relaciones funcionales entre estímulos y respuestas.
Clasificación	Diagnosis categorial.	Evaluación conductual.
Tratamiento	Independiente de la evaluación.	Inseparable de la evaluación.

ASPECTOS METODOLÓGICOS	MODELO TRADICIONAL	MODELO CONDUCTUAL
Métodos de evaluación	Más énfasis en métodos indirectos.	Más énfasis en métodos directos.
Técnicas de evaluación	Psicométricas y proyectivas.	Observación de la conducta y otros registros objetivos (psicofisiológicos y psicológicos).
Objetivos de la evaluación	Predominan las medidas globales.	Predominan las medidas específicas.
Orientación	General y nomotéica.	Individual e idiográfica.

Fuente: Chorot (1984: 295)

El modelo cognitivo surgió para dar respuesta a las críticas que el modelo tradicional había recibido por considerar solamente los productos del aprendizaje, pero no los que era capaz de aprender la persona. Así pues, los supuestos básicos de este modelo son:

1) Da importancia no tanto a los resultados del funcionamiento cognitivo, sino también a los procesos y estrategias que usa la persona para resolver problemas cognitivos.
2) Intenta obtener información precisa sobre los procesos cognitivos que se encuentran en un nivel intelectual determinado con el objetivo de orientar la intervención.
3) Considera a la persona en su totalidad; por lo tanto, se tienen en cuenta no sólo los aspectos cognitivos, sino también los afectivos, actitudinales y motivacionales.
4) Trata de conocer mejor los procesos de enseñanza-aprendizaje. Es decir, se preocupa por analizar las condiciones que favorecen la adquisición, integración y neutralización de los conocimientos por parte del alumno.

5) Las deficiencias cognitivas y del aprendizaje se consideran basadas parcialmente en deficiencias cuantitativas y cualitativas de la enseñanza formal e informal (Alonso Tapia, 1995).

6) Es posible determinar el grado en el que las deficiencias cognitivas son o no son reversibles a través del proceso de evaluación, puesto que mediante su modificación se puede verificar en qué medida el alumno se ha beneficiado de la intervención (Alonso Tapia, 1995).

La metodología utilizada fundamentalmente por el modelo cognitivo es experimental, aunque también combina la metodología correlacional y observacional. Algunas de las técnicas más utilizadas son la simulación de los procesos cognitivos humanos en el ordenador, el análisis de la duración de un proceso cognitivo determinado, los mapas cognitivos, el pensamiento en voz alta, etc.

El modelo cognitivo considera la inteligencia como un proceso dinámico y no tanto como un producto estático. Por lo cual, se puede decir que se ha pasado de una concepción estructural o analítica del funcionamiento cognitivo a un concepción funcional. Se estudia cómo se procesa la información y cómo se elabora la respuesta. Sin embargo, una de las principales críticas al modelo ha sido el uso de una terminología poco precisa y su desarrollo básicamente teórico. Además, en el aspecto metodológico dos de los problemas que hoy por hoy tiene que afrontar son el de la objectivación y generalización de los resultados (Maganto, 1996).

5. Síntesis

El diagnóstico psicopedagógico es una parte importante del proceso educativo por el papel que desempeña en la prevención, predicción, clasificación y corrección de ciertas características del alumno y de su contexto. Se trata de un proceso de recogida de información que tiene por objeto identificar posibles dificultades o problemas y tomar las decisiones educativas más adecuadas, para mejorar la situación. A través de este proceso se observa la conducta, se evalúa el proceso, y se planifica la intervención.

El proceso de diagnóstico tiene carácter científico, puesto que sigue las fases del método científico. Es decir, parte de la formulación de unos objetivos y unas hipótesis, cuya contrastación requiere recoger y analizar unos datos, mediante determinados instrumentos y técnicas, con el objeto de obtener unos resultados y, finalmente, concluir en la línea de lo que se había predicho o no. Además, el tipo de diagnóstico a realizar dependerá del marco teórico de referencia y, por lo tanto, del modelo de diagnóstico elegido por el orientador/a.

El diagnóstico no es una tarea sencilla. La competencia y el dominio técnico del orientador es fundamental a la hora de realizar un diagnóstico preciso, así como también a la hora de elaborar el informe con las recomendaciones educativas pertinentes. Para terminar este capítulo y como colofón de todo lo dicho, se presenta con fines didácticos un resumen de los aspectos distintivos de cada modelo de diagnóstico en el cuadro siguiente.

	Psicométrico	**Evolutivo**	**Conductual**	**Cognitivo**
Enfoque	Cuantitativo	Estudio de estadios, cualitativo	Estudio del comportamiento humano observable	Estudio de cogniciones
Objeto de estudio	Diferencias entre los individuos	Diferencias intraindividuales	Estudio de las conductas desadaptadas	Estudio de los procesos cognitivos
Método	Correlacional Descriptivo	Dinámico-explicativo	Observacional Experimental	Experimental
Énfasis	En el resultado	En el proceso	En las conductas observables	En el procesamiento de la información
Técnicas	Tests	Escalas de desarrollo	Registros del comportamiento	Simulación de los procesos cognitivos

6. Actividades

1) El diagnóstico psicopedagógico tiene cuatro funciones básicas (preventiva, de identificación del problema, orientadora y correctiva). Analiza los parecidos y las diferencias de estas funciones y pon un ejemplo de cada una de ellas.
2) En un centro educativo el orientador/a administra unas pruebas a comienzos del curso para conocer las características evolutivas de

los alumnos de primero de Educación Primaria ¿Cuáles serían las funciones de esta evaluación y a qué ámbitos y áreas irían referidas?

3) El orientador/a de un centro educativo tiene que diagnosticar a un alumno con dificultades de aprendizaje y elaborar el correspondiente informe psicopedagógico. Se plantea estudiar: (a) su perfil aptitudinal, el rendimiento académico y la motivación; (b) su comportamiento en el contexto escolar y familiar; y (c) su estilo de aprendizaje ¿Qué tipo de técnicas utilizarías para realizar el diagnóstico? ¿Con qué modelos de diagnóstico guardarían relación las técnicas utilizadas?

Capítulo 2
El proceso de diagnóstico psicopedagógico

1. Introducción

Tal como se apuntaba en el Capítulo 1, el diagnóstico psicopedagógico puede ser considerado como el estudio científico del comportamiento de un alumno o grupo de alumnos (Fernández Ballesteros, 1992). Teniendo en cuenta el carácter científico de este proceso, el diagnóstico exige la puesta en práctica de un plan sistemático de recogida de datos para asegurar que la información obtenida está organizada, ordenada y es útil a nuestros propósitos. El diagnóstico, como procedimiento científico que es, sigue las fases del método hipotetico deductivo e independientemente de las metas o propósitos del mismo (orientación, asesoramiento, selección o intervención) exige siempre la verificación de las hipótesis formuladas. Aun cuando el procedimiento a seguir dependa del modelo que el orientador adopte (psicométrico, evolutivo, conductual o cognitivo), los pasos del método científico continuarán aplicándose, independientemente del modelo utilizado.

El diagnóstico es un proceso contínuo abierto a nuevas inter-pretaciones y a nuevos juicios de valor en función de la recogida y disponibilidad de nuevos datos. Asimismo, es un proceso complejo que hace necesaria la participación de un equipo de especialistas (psicopedagogo, fisioterapeuta, logopeda, profesores, trabajador social y, en ocasiones, incluso médico especialista).

2. El proceso de diagnóstico psicopedagógico

El proceso de diagnóstico empieza generalmente dentro del aula. Habitualmente, es el profesor o la profesora quien ante la detección de un problema: (1) observa el comportamiento del alumno/a en clase (2) recoge información pertinente sobre su rendimiento y/o adaptación, y (3) introduce los cambios o ajustes que estima necesarios para responder de la mejor manera a las necesidades detectadas.

Para descubrir por qué el progreso del alumno puede no ser adecuado, los profesores se valen de valoraciones basadas en el currículum, tests con referencia al criterio, análisis de los errores o de las dificultades observadas, listas de control, etc. Sin embargo, este proceso *ordinario* de diagnóstico a veces es insuficiente y necesita la intervención de otros profesionales especializados (equipos multiprofesionales) que evaluarán al estudiante con mayor profundidad y determinarán los servicios que el alumno y el profesor puedan necesitar.

La mayoría de los expertos en el tema (Suárez, 1995; Parra, 1996; Lázaro, 1994; García Nieto, 1990; Fernández Ballesteros, 1992; Buisán y Marín, 1987; Granados, 1993) entienden que el proceso diagnóstico se compone de las fases siguientes:

1) Detección del problema y derivación del alumno, si procede, a los profesionales correspondientes.
2) Evaluación formal.
3) Elegibilidad (este proceso tiene sentido si el estudiante va a necesitar los servicios de la educación especial).
4) Plan de intervención.
5) Reevaluación y seguimiento periódico.

A lo largo del proceso, el profesor tiene que proporcionar datos del rendimiento del alumno y de su conducta en clase, convirtiéndose así en uno de los personajes más críticos de todos los que puedan intervenir, dado que de él dependerá en gran parte la derivación del alumno a otros servicios más especializados. El profesor ha de estar preparado para responder a cuestiones como las siguientes:

1) ¿Está el alumno rindiendo académicamente bien, mejor o peor, que sus compañeros? Este hecho ha de ser demostrable con datos empíricos procedentes a partir de la evidencia de que disponga, por ejemplo, de muestras de trabajo, resultados obtenidos en los exámenes, situación del alumno en el currículum, etc.).
2) ¿Rinde mejor en unas áreas que en otras?

3) ¿Exhibe problemas de comportamiento en clase? Si es así, ¿en qué circunstancias y bajo qué condiciones se manfiestan los problemas? ¿qué consecuencias se derivan para el alumno?

4) ¿Hasta qué punto la capacidad del alumno se sitúa por encima o por debajo de su rendimiento? ¿Hay una gran discrepancia?

5) ¿Qué estrategias para mejorar la situación han sido ya implementadas, ¿durante cuánto tiempo? y ¿con qué resultados observables?

3. Fases del diagnóstico psicopedagógico

Aun cuando las fases involucradas en el proceso de diagnóstico son comunes en los diversos modelos, algunas partes, o incluso determinadas estrategias y procedimientos de evaluación varían según el modelo adoptado. Así, por ejemplo, las técnicas de evaluación utilizadas serán diferentes en un diagnóstico conductual y en un diagnóstico dinámico.

3.1. Detección e identificación del problema

Cuando un estudiante, pese a los intentos del profesor de poner remedio a la situación, continúa teniendo dificultades significativas superiores a las de la mayoría de los niños de su edad, lo habitual es remitirle al equipo psicopedagógico para un diagnóstico o evaluación formal de sus necesidades. Este proceso denominado de derivación es un proceso especialmente problemático y crítico por dos razones fundamentalmente: (1) por el excesivo número de alumnos que se derivan y (2) por el hecho de que la mayoría de ellos acaban siendo identificados como candidatos susceptibles de recibir los servicios de la educación especial.(Kamphaus, Reynolds e Imperato. McCammon, 1999).

Cada vez son más numerosas las voces críticas que ponen de relieve el hecho de que la derivación está motivada más frecuentemente por problemas de comportamiento que por dificultades reales de aprendizaje (Ysseldyke, Algozzine y Thurlow, 1992). Aunque Gerber y Semmel (1984) señalan que estas derivaciones pueden ser interpretadas muchas veces como una clara demanda de ayuda y asistencia por parte del profesor, hay estudios que demuestran que son realmente los problemas académicos de los estudiantes y no los problemas de conducta los que determinan la derivación (Lloyd, Kauffman, Landrum y Roe, 1991).

El proceso de derivación ha sido también criticado no sólo por el elevado número de alumnos derivados, sino porque la mayoría de las remisiones acaban con la elección del estudiante como candidato susceptible de recibir los servicios de la educación especial. En este sentido, Algozzine, Christenson y Ysseldyke (1982) hallaron que de un 90% de los estudiantes referidos a estudio, un 73% fueron identificados como alumnos con necesidades educativas especiales (NEE) y, por lo tanto, como sujetos necesitados de educación especial.

Estos hechos han provocado serias críticas, particularmente, en lo que respecta a la categoría diagnóstica de alumnos con dificultades de aprendizaje, categoría en la que este porcentaje es sumamente alto. Por esta razón, muchos centros educativos han empezado a incorporar estrategias de prederivación como parte previa a los procesos de diagnóstico. Estas estrategias han recibido denominaciones diversas como equipos de apoyo al alumno o al profesor, y han sido diseñadas para atender las necesidades y resolver las dificultades en el contexto del aula ordinaria.

La implementación de estrategias de prederivación implica la puesta en práctica en clase de una serie de procesos antes de iniciar un plan de diagnóstico formal. Entre ellos figuran los siguientes:

- La observación del problema en el contexto del aula.
- El uso de técnicas de evaluación tanto informales como formales.
- El diseño de adaptaciones instructivas y modificaciones curriculares.
- El asesoramiento y la consulta con los padres, profesores, tutores, y miembros del equipo psicopedagógico del centro.

El uso de estas estrategias se justifica en los hallazgos de un cúmulo de trabajos de investigación que han probado que las prácticas de evaluación formal se han mostrado:

1) *Defectuosas* y problemáticas. Se ha demostrado que los alumnos generalmente se derivan al psicólogo escolar por su condición de alumnos difíciles de enseñar (e.g., alumnos con problemas de

conducta), más que por tener una discapacidad o dificultad real de aprendizaje (Salvia y Ysseldyke, 1988).

2) Poco *coherentes*. Por ejemplo, se ha observado que:

- Los niños se remiten a los servicios psicopedagógicos con más frecuencia que las niñas (Shinn, Tindal y Spira, 1987).
- La derivación de los alumnos por problemas conductuales es más frecuente en las maestras que en los maestros (McIntyre, 1988).
- Se deriva más al alumnado con problemas de aprendizaje y conducta que al alumnado que presenta sólo problemas conductuales (Soodack y Podell, 1993).
- Los resultados de la derivación son globales en naturaleza y contienen información subjetiva, más que objetiva, en más de la mitad de los casos analizados (Reschly, 1986).

De acuerdo con la investigación, la decisión de los profesores de derivar a los alumnos que no aprenden como la mayoría a los servicios psicopedagógicos puede estar condicionada también por el grado de tolerancia del profesor hacia determinados comportamientos (Thurlow, Christenson y Ysseldyke, 1983). Además, se ha comprobado que otras características como el género o la edad guardan asimismo relación con estas decisiones (Harvey, 1991). Así, por ejemplo:

- A cualquier edad, los niños son derivados con bastante más frecuencia que las niñas.
- Los niños que cumplen años en el último trimestre del curso (los más jóvenes) también se derivan más frecuentemente que los que cumplen años en los primeros trimestres del curso, lo cual sugiere que en los primeros cursos de la escolaridad los problemas de comportamiento o aprendizaje pueden ser reflejo de diferencias en el desarrollo.

La puesta en práctica de estrategias de prederivació constituye un paso adelante en la prevención de: (a) la sobreidentificación de alumnos con necesidades educativas especiales, (b) el diagnóstico prematuro y erróneo, y (c) la realización de evaluaciones formales completas, a veces, innecesarias. Y lo que es más importante, el empleo de estas estrategias contribuye a hacer más progresiva la actividad de los miembros de los equipos psicopedagógicos, quienes, como resultado de ello, adoptan roles de asesoramiento, consulta y colaboración con otros profesionales más frecuentemente. Ello, sin lugar a dudas, hace decrecer el tiempo dedicado a las tareas de diagnóstico y a la administración de tests y pruebas estandarizadas que, a veces, en nada benefician al alumno.

Graden, Casey y Christenson (1985) proponen un modelo de prederivación que consta de las siguientes fases:

1) Identificar, definir y aclarar el problema en clase.
2) Analizar los componentes de la ecología del aula que están influyendo en el problema.
3) Diseñar e implementar intervenciones.
4) Evaluar la efectividad de las mismas.

El modelo tiene en cuenta las variables que pueden estar motivando el problema sin asumir, de entrada, que la causa reside en el alumno, y pone de manifiesto la necesidad de evaluar al chico en su entorno natural que es el aula ordinaria (Reschly, 1986).

En la Figura 2.1 se puede observar un modelo de evaluación en clase, de acuerdo con el planteamiento de los autores. Este modelo incorpora la evaluación informal y la puesta en práctica de estrategias de prederivación antes de llevar a cabo una evaluación formal, a la cual se llega cuando, tras haber agotado todas las posibilidades de ayuda que el maestro tiene al alcance de la mano, todavía persisten los problemas.

La derivación de un alumno a un proceso de evaluación formal viene precedida por un tiempo de observación y análisis de la conducta problemática por el profesor, cuyos resultados éste plasma a través de escalas de estimación de las intervenciones efectuadas. La escala que aparece en la Tabla 2.1 resulta útil en este sentido, dado que ayuda a sintetizar las estrategias que se han ido implementando, lo cual ayuda a decidir a los equipos psicopedagógicos sobre la necesidad de una evaluación más profunda y, de realizarse ésta, a seleccionar el tipo de técnicas e instrumentos que haría falta utilizar.

Figura 2.1
Un modelo de evaluación continua en clase

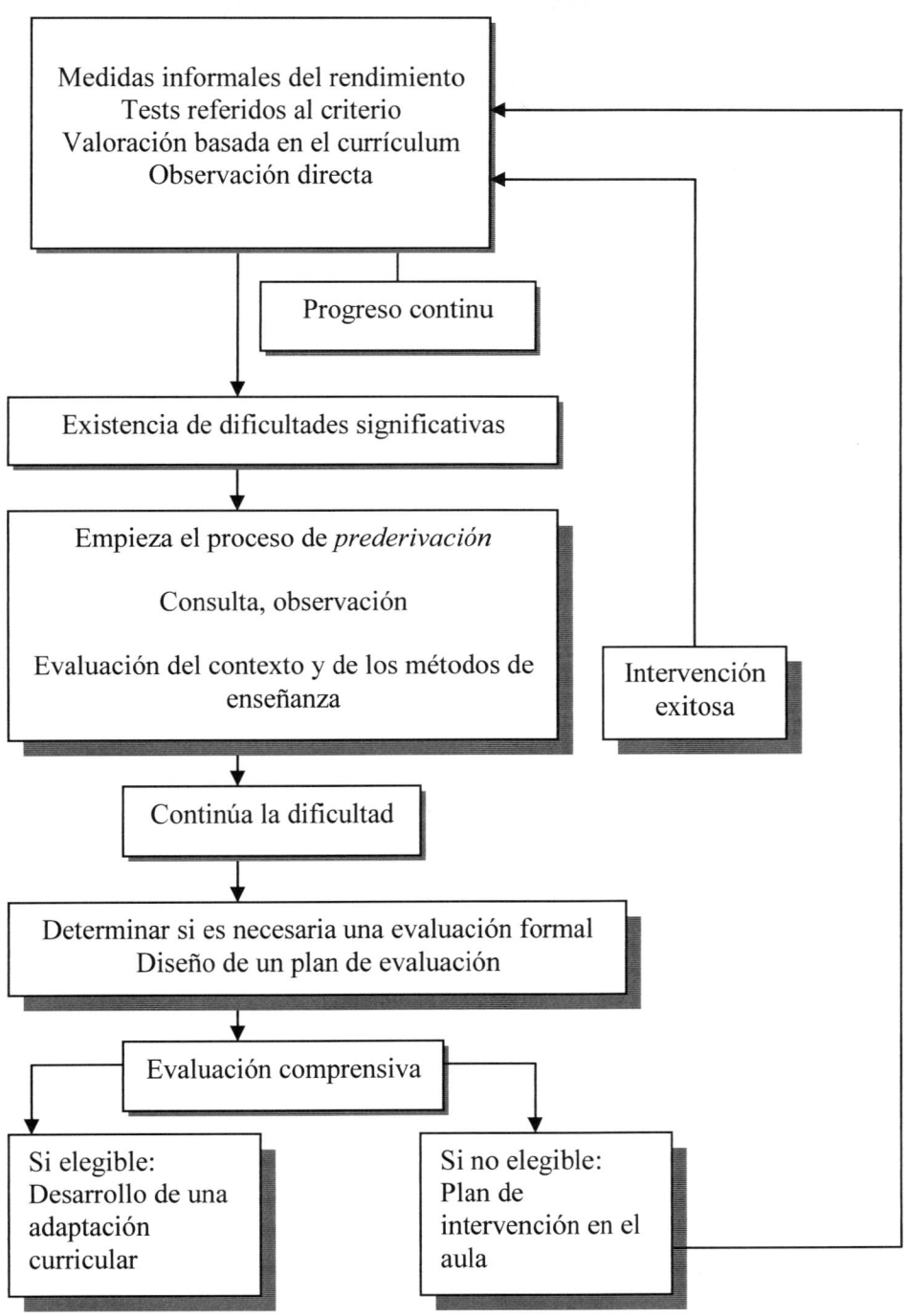

Fuente: Adaptado de Overton (1996: 21)

Tabla 2.1
Escala de estimación de las intervenciones

Nombre del alumno/a:
Profesor/a:
Breve descripción del problema:

1. EVALUACIÓN DEL CURRÍCULUM

•Los materiales son apropiados para la edad del alumno o su nivel de dominio.
• El contenido es fácilmente comprensible.
• Las instrucciones se presentan con claridad.
• Lo que se espera del alumno está por encima o por debajo de su capacidad.
• Domina los prerequisitos anteriores.
• Las tareas y actividades son apropiadas al nivel de exigencia y tiempo disponible.
• El ritmo de enseñanza es adecuado para su edad o nivel de dominio.
• Se utilizan procedimientos variados y flexibles de evaluación.

2. AMBIENTE DE APRENDIZAJE

• Los métodos de enseñanza resultan adecuados para su edad o nivel de dominio.
• Las tareas y actividades se presentan en la secuencia apropiada.
• El nivel de respuesta esperado es aceptable para su edad o nivel de dominio.
• El ambiente físico del aula favorece el aprendizaje.

3. AMBIENTE SOCIAL

• El alumno demuestra no tener conflictos con sus compañeros.
• El alumno mantiene buenas relaciones con sus compañeros.
• Las entrevistas con los padres revelan que no existen problemas importantes en casa.
• Su desarrollo personal y social es el esperado para su edad.

4. CONDICIÓN FÍSICA DEL ALUMNO

• El peso y la talla son normales para su edad o nivel de dominio.
• Evidencia no tener dificultades visuales o auditivas.
• Ha sido sometido a exámenes médicos visuales o auditivos.
• Ha sufrido enfermedad o daño físico por un largo periodo de tiempo.
• La asistencia a la escuela es normal.
• Atiende cuando se le habla.
• Tiene destrezas motoras adecuadas.
• Tiene habilidades para la comunicación.

Tabla 2.1 (continuación)
Escala de estimación de las intervenciones

---

5. ESTRATEGIAS DE INTERVENCIÓN
(cambios introducidos en las estrategias de enseñanza-aprendizaje)

El psicopedagogo o profesor ha observado al alumno:

	Conducta observada	Lugar	Fecha	Comentarios
1.				
2.				
3.				

Cambios curriculares efectuados:

	Descripción	Lugar	Fecha	Comentarios
1.				
2.				
3.				

Cambios en el ámbito personal o social efectuados:

	Descripción	Lugar	Fecha	Comentarios
1.				
2.				
3.				

Entrevistas con los padres:

	Asunto	Fecha	Acuerdos/Decisiones
1.			
2.			
3.			

Se adjunta documentación adicional.

Fuente: Adaptado de Overton (1996: 9-10)

Cada vez son más los profesionales que reconociendo la utilidad de estas estrategias adoptan modelos de prederivación. Sin embargo, existen ciertas confusiones, fundamentalmente, con respecto a las responsabilidades de los profesores involucrados en tales procesos. Así, por ejemplo, no está claro si son los especialistas (psicopedagogos, profesores de pedagogía terapéutica) o los profesores tutores quienes tienen que coordinar el proceso (Nelson, Smith, Taylor, Dodd y Reavis, 1992).

3.2. Evaluación formal

Según Hallahan, Kauffman y Lloyd (1996), antes de llegar a la decisión de remitir al estudiante con problemas al servicio psicopedagógico para proceder a una evaluación formal, el profesor ha de haber realizado con anterioridad tres cosas:

1) Informar a los padres.
2) Obtener permiso de los padres para la derivación de su hijo.
3) Documentar las dificultades conductuales o académicas encontradas, así como los resultados obtenidos de la intervención antes de llegar a esta decisión.

Según Fernández Ballesteros (1983: 90), una vez iniciado el proceso formal de evaluación, los objetivos van a ser dos:

1) Obtener información suficiente acerca del problema para hacer posible la formulación de supuestos e hipótesis sobre el mismo.
2) Verificar estas hipótesis mediante técnicas de evaluación adecuadas y, en su caso, de contraste experimental.

El procedimiento completo que propone Fernández Ballesteros (1983) consta de las siguientes etapas o fases:

1) Describir las características sociodemográficas y ambientales del alumno evaluado.
2) Clarificar cuestiones y determinar los objetivos de la evaluación.
3) Plantear supuestos sobre la conducta.
4) Seleccionar las variables de interés.
5) Seleccionar las técnicas de evaluación y los procedimientos a seguir.
6) Administrar las técnicas.
7) Presentar los resultados y elaborar las conclusiones.

8) Informar al cliente.
9) Valorar las intervenciones.

3.2.1. Características sociodemográficas y ambientales del caso

A pesar de que se ha puesto poco énfasis en las variables sociodemográficas y ambientales que rodean el alumno sometido a evaluación, ambos tipos de características son relevantes a la hora de describir, predecir e, incluso, explicar la conducta. Por este motivo, una de las primeras tareas a realizar al iniciar un proceso de evaluación formal es recoger información relacionada con los aspectos siguientes:

- Domicilio y características de la vivienda, número de personas que conviven y tipos de relación.
- Profesión del padre y de la madre.
- Número de hermanos y edades.
- Estatus socioeconómico o clase social.
- Estatus marital.

De acuerdo con Fernández Ballesteros (1983: 92), la importancia de recoger estos datos es múltiple, por las siguientes razones:

1) Determinados trastornos de la conducta tienen un mayor grado de incidencia en unos u otros grupos de población.
2) Determinadas variables sociodemográficas o ambientales pueden hacernos plantear hipótesis explicativas alrededor de un determinado déficit conductual.
3) Esta indagación nos puede ayudar a determinar los recursos socioambientales más apropiados y útiles a la hora de orientar el tratamiento.

3.2.2. Objetivos y especificación de cuestiones concretas

Cuando un alumno o sus padres acuden al psicólogo o pedagogo en busca de orientación es frecuente observar que sus objetivos no están claramente definidos. Por lo tanto, la primera tarea del psicopedagogo será clarificar dichos objetivos y, mediante las preguntas que se consideren oportunas y los instrumentos necesarios, transformar los planteamientos inicialmente vagos en *términos conductuales concretos*.

Junto con la especificación del problema, se hace necesario además, precisar en *qué situaciones* se produce. Este análisis constituye una primera aproximación al problema y nos permitirá plantear una serie de hipótesis sobre el mismo.

En el proceso de evaluación, resulta, asimismo, necesario indagar sobre aquellos *aspectos biográficos* que puedan resultar de interés. Por lo tanto, se pedirá información sobre la evolución y desarrollo del alumno, así como también sobre el problema objeto de consulta. Esta primera aproximación se hace mediante técnicas como la autobiografía o la entrevista, la cumplimentación de escalas de conducta o listas de problemas, y la observación informal del alumno en el aula o en el gabinete, etc.

3.2.3. Planteamiento de supuestos sobre la conducta

Los supuestos o conjeturas sobre el problema nos permitirán describir, clasificar, predecir o explicar la conducta del estudiante sometido a evaluación. Su formulación estará relacionada con los objetivos previamente establecidos. Los supuestos que suelen formularse son de cuatro tipos (Fernández Ballesteros, 1983):

1) *Supuestos de cuantificación.* Se trata de constatar la cuantía (gravedad-levedad) del problema o la dificultad.
2) *Supuestos de semejanza.* Averiguaremos hasta qué punto un alumno presenta una serie de conductas parecidas a las de los otros alumnos (por ejemplo, ¿actúa de forma parecida a los niños hiperactivos?).
3) *Supuestos de asociación predictiva.* Se trata de averiguar si se dan en el caso una serie de conductas que nos van a permitir hacer predicciones basadas en relaciones contrastadas empíricamente (por ejemplo, tiene el estudiante las aptitudes necesarias para estudiar ingeniería?).
4) *Supuestos de relación explicativa.* Se intenta llegar a una explicación plausible del problema. Por ejemplo, ¿la falta de rendimiento escolar se debe a que el alumno puede estar afectado por una lesión cerebral o no rinde porque su profesor o profesora refuerza las conductas perturbadoras del rendimiento?

Todos los supuestos que se formulen tendrán que ser comprobados mediante pruebas experimentales.

3.2.4. Selección de las variables a analizar

Una cuestión que se ha de tener siempre en cuenta a la hora de realizar un diagnóstico es que la evaluación ha de adecuarse al caso concreto y que no se trata de hacer una exploración sistemática de todos los aspectos o variables del funcionamiento psicológico o pedagógico, sino de dirigir la atención sólo hacia aquellos que supuestamente se ven afectados por la situación o el problema. Así pues, se analizarán:

1) Las conductas por las cuales se consulta, las situaciones en las que aparecen y la consistencia con que se dan.
2) Las variables del ambiente o del organismo (desarrollo intelectual o cognitivo, de la personalidad, aptitud psicomotora, condiciones biológicas) que se supone están relacionadas con las conductas sometidas a examen y que podrían explicarlas. Esto lleva a un análisis de la historia y del desarrollo de la persona y del problema.
3) Las habilidades, competencias o repertorios de conducta que puedan estar asociados o relacionados con el problema.
4) Otras variables que puedan contaminar los efectos de la intervención.

3.2.5. Selección de las técnicas y procedimientos a seguir

Una de las actividades clave en toda evaluación es la elección adecuada de las técnicas que se van a utilizar en la evaluación, selección por otra parte que nos va a permitir verificar o refutar las hipótesis establecidas. La elección de las técnicas dependerá, como se ha comentado en el Capítulo 1, del modelo de diagnóstico adoptado y también de las propiedades psicométricas que las avalan; es decir, de su objetividad, fiabilidad, validez, utilidad y coste.

Será conveniente utilizar no sólo técnicas múltiples para la evaluación de una misma variable, sino también técnicas de diferente entidad o clase al objeto de recoger información tan completa y fiable como sea posible.

El procedimiento a seguir en la administración de las técnicas será un proceso (a) *ordenado* que tendrá que planificarse para conseguir la idoneidad científica de los datos (las pruebas más difíciles se administrarán primero, las sesiones tendrán una duración prudencial, etc.); y (b) *lógico,* que permita unas condiciones óptimas de aplicación, tanto con respecto al sujeto como en lo que respecta al ambiente.

3.2.6. Administración de las técnicas

Como los requisitos de aplicación de las distintas técnicas, tests y procedimientos serán descritos en capítulos posteriores, aquí simplemente resaltaremos la importancia de una administración tan adecuada como sea posible a las características del test o la prueba. Además, es necesario destacar que algunas veces los datos que se van recogiendo pueden hacernos plantear nuevos supuestos sobre el problema estudiado y, con ello, se haga necesario analizar otras variables que no se habían previsto con anterioridad.

3.2.7. Resultados, conclusiones y orientaciones

El proceso de elaboración de los resultados y de las conclusiones es una tarea compleja que implica varias actividades:

1) *Observación de los datos recogidos*. En esta fase, el psicopedagogo tendrá que responder a las siguientes cuestiones:

   a) ¿Los datos procedentes de varios evaluadores son inter-cambiables?
   b) ¿Los datos procedentes de varios momentos son consistentes entre sí?
   c) ¿Hasta qué punto los datos recogidos en unas situaciones son generalizables a otras?
   d) ¿Las conductas registradas son representativas de las conductas que se querían medir?
   e) ¿Hasta qué punto los datos recogidos sobre una misma variable son consistentes entre sí?

   Las respuestas a estas preguntas nos darán una idea de la bondad de los datos recogidos. Si estos datos no pudieran generalizarse en ningún sentido, nos tendríamos que plantear realizar una nueva selección de las técnicas y de los procedimientos de evaluación.

2) *Valoración de los datos*. Este análisis tendrá que recaer tanto sobre los datos cuantitativos como cualitativos, los cuales pasarán a avalar las conclusiones. Los datos cuantitativos se analizan, generalmente, partiendo de tres tipos de análisis:

   a) *Análisis según los criterios*. Se comparan las puntuaciones obtenidas por el sujeto con un criterio.

b) *Análisis comparativo intersujetos.* Las puntuaciones obtenidas se comparan con las de otros sujetos que conforman el grupo normativo.

c) *Análisis comparativo intrasujeto.* Se compara el sujeto consigo mismo. Por ejemplo, el rendimiento antes y después de una intervención.

Estos tres tipos de análisis son perfectamente compatibles entre sí e incluso, complementarios.

3) *Elaboración de las conclusiones tomando como referencia los objetivos y orientación.* Como resultado de la combinación de todos los datos disponibles, se pasará a la elaboración de las conclusiones o, lo que es lo mismo, de una teoría sobre el problema. Asimismo, partiendo de estas conclusiones, se determinarán las acciones pertinentes y se ofrecerán orientaciones para la intervención.

Cuando la evaluación formal se realice con el objetivo de determinar la elegibilidad del alumno para los servicios de la educación especial, se tomarán ciertas precauciones. A saber:

a) La decisión de elegibilidad recaerá sobre todo el equipo de profesionales involucrados en el proceso de evaluación.

b) La evaluación formal se realizará empleando métodos o tests que no sean racialmente ni culturalmente discriminatorios y, a poder ser, en la lengua materna.

c) No se empleará un sólo tipo de técnica o estrategia de evaluación, sino múltiples.

d) La evaluación tendrá que incluir necesariamente orientaciones para la intervención.

e) Los padres tienen el derecho de aprobar o desaprobar las decisiónes tomadas como resultado de la evaluación. En caso de desaprobación, la autoridad competente podrá autorizar a otro equipo a realizar (repetir) nuevamente la evaluación.

3.2.8. Información al cliente

Esta tarea informativa implica la comunicación a los interesados de los resultados y de las conclusiones obtenidas, una vez finalizado el proceso de diagnóstico, así como de las recomendaciones oportunas.

La información suele proporcionarse de forma oral o por escrito, y con ella concluye el proceso de diagnóstico, a no ser que la evaluación formal haya sido hecha con vistas a un tratamiento.

Sobre las características de los informes, los tipos y la estructura, se hablará más extensamente en el Capítulo 3.

3.3. Plan de intervención

Cuando, como el resultado del proceso de diagnóstico, se determine la necesidad de prestación de unos servicios especiales (apoyo pedagógico, servicios de logopedia, fisioterapia), el proceso de evaluación formal continúa con el establecimiento de un plan de intervención que culmina con la elaboración de una ACI (adaptación curricular individualizada) o de un programa de diversificación curricular, en el caso de que el problema sea muy grave.

La ACI o el programa de diversificación curricular viene a ser como un acuerdo o contrato formal entre la escuela y los padres en el que consta las necesidades educativas del alumno y los servicios que necesita. Las ACIs son elaboradas por los profesores del alumno en colaboración con el equipo que ha realizado la evaluación.

Toda ACI significativa o programa de diversificación ha de incluir, al menos, los siguientes componentes:

1) El nivel de competencia actual del alumno.
2) Los objetivos del curso.
3) Los objetivos a corto plazo.
4) Los servicios que el alumno necesita y las personas responsables.
5) El tiempo y las materias en las que el alumno se integrará en el aula ordinaria.
6) Un plan para evaluar los objetivos, al menos anualmente.

3.4. Seguimiento

El proceso de diagnóstico no acaba con la elaboración y puesta en práctica de un plan de intervención. (Ysseldyte, 2004). Tiene que haber además un seguimiento para comprobar si se han logrado o no los objetivos previamente planteados.

El seguimiento implica realizar una nueva evaluación, una vez haya transcurrido un tiempo desde la aplicación del tratamiento. Dicha evaluación tomará como referente el currículum adaptado (la ACI) y no el currículum general del curso aplicable a todos.

Según Fernández Ballesteros y Carrobles (1981: 153), las etapas a seguir en la fase de seguimiento serán las siguientes:

1) En primer lugar, es necesaria una nueva toma de contacto con el alumno.
2) Se tendrá que realizar una nueva evaluación de las conductas implicadas en el problema, utilizando los mismos procedimientos empleados tanto antes como después de la intervención.
3) Los datos obtenidos en la nueva evaluación tienen que ser analizados estableciendo comparaciones con los resultados obtenidos antes e inmediatamente después de la intervención.
4) En el supuesto de que los resultados hayan mejorado tras la intervención, las hipótesis previamente formuladas estarán avaladas; de lo contrario, será necesario volver a una nueva formulación de los supuestos.
5) El período o los períodos de seguimiento pueden ser más o menos dejar como estaba y pueden implicar una o más evaluaciones.

Resumiendo, el proceso de diagnóstico es una actividad compleja que exige la implicación y colaboración de varios profesionales. En este proceso, el papel del profesor tutor es esencial, tanto en la fase de detección de las dificultades, como en la puesta en práctica de intervenciones para mejorar la situación. El asesoramiento del psicopedagogo también es crucial en este proceso, dado que de su decisión depende que se deriven más o menos alumnos a evaluación formal. Esta evaluación seguirá un proceso científico en el que se pondrán a prueba unas hipótesis que determinarán la necesidad o no de un plan de intervención y su correspondiente seguimiento.

4. Actividades

1) El proceso de diagnóstico en educación implica la mayoría de las veces realizar una evaluación formal del alumno y del contexto en el que se desenvuelve. Sin embargo, el procedimiento ideal no debería

empezar aquí ¿Cuál sería el procedimiento a seguir antes de proceder a una evaluación formal? Debátelo con tus compañeros y describe el procedimiento con detalle ayudánte de algún ejemplo.

2) Lee el caso que se presenta a continuación.

DATOS PERSONALES

Alumno: Juan
Fecha de nacimiento: 22/10/94
Colegio: XXX
Edad: 4 años y 4 meses
Curso escolar: 1998-99
Fecha de evaluación: 18/02/1999 y 25/02/1999

MOTIVO DE CONSULTA

Juan acudió a la consulta a petición de los padres qué habían observado un comportamiento atípico en el niño. No obedece y no se comporta según lo que se espera de acuerdo a su edad (curso 1997-98, tres años de edad). Juan pertenece a una familia de nivel socioeconómico bajo en la que el padre trabaja como carpintero y la madre como empleada de hogar.

Según los padres, el niño se muestra muy inquieto en casa. Es desobediente y parece que no escucha a la madre. El padre comenta que suele obedecerlo más a él que a su mujer.

Juan padece frecuentemente otitis; respira mal; siempre tiene mucosidades y babea continuamente. Su profesora se queja de que ensucia los materiales con los que trabaja e incluso llega a mojar la mesa con su babeo. Se solicita un examen médico y seis meses después de solicitado se informa a los padres que el niño tiene que ser intervenido de vegetaciones y del conducto auditivo.

El alumno presenta problemas de habla y su lenguaje es pobre y de difícil comprensión. También manifiesta problemas de aprendizaje. Se les hacen algunas recomendaciones a los padres por parte de la logopeda del centro para que estimulen su habla a través del juego y de ejercicios.

En el curso 1998-99, el niño todavía estaba en la lista de espera del hospital y se decide hacer una intervención logopédica más sistemática, acudiendo dos días por semana a estas sesiones. Juan mejora en lenguaje, pero continúa teniendo dificultades y su atención es aún muy dispersa.

Ayudándote de la información presentada en este capítulo y de acuerdo con el procedimiento descrito por Fernández Ballesteros ¿qué pasos seguirías para realizar el diagnóstico psicopedagógico de este alumno?

Capítulo 3
Comunicación de los resultados del proceso: el informe

1. El informe psicopedagógico
2. Características del informe
3. Tipos de informe
4. Organización del informe
5. Recomendaciones
6. Consideraciones básicas sobre el informe
7. Actividades

1. El informe psicopedagógico

El proceso diagnóstico culmina con la comunicación oral o escrita de los resultados obtenidos de la evaluación planificada de acuerdo con unos objetivos. El informe es un documento que tiene una doble naturaleza, técnica y administrativa. A través del informe se describe la situación del alumno en los diferentes ámbitos del desarrollo personal y/o social, familiar, académico (Dueñas, 2002). Además, el informe incluye las líneas generales de orientación o intervención.

La utilidad del informe diagnóstico recae, según Grant y Maletzky (1972), en los aspectos siguientes:

1) Es un *testigo archivable y duradero* de la tarea realizada y se puede rescatar en cualquier momento.
2) Constituye una excelente fuente de información para la contrastación *de las hipótesis inicialmente formuladas* que serán la base de las orientaciones y, si procede, del tratamiento posterior.
3) Resulta necesario a la hora de comunicar *los resultados* de la evaluación a las partes interesadas: profesor, centro educativo, padres y alumnos.
4) Es considerado un *documento legal*, dado que se pueden apoyar en él futuras decisiones jurídicas.
5) Constituye un *rastro de conducta*, tanto del alumno como del evaluador que puede ser utilizado con posterioridad con fines diversos.

Sattler (1996) considera que el informe diagnóstico satisface o respode a varios objetivos a la vez:

a) Ofrece información precisa sobre el diagnóstico.
b) Proporciona abundante información sobre la que basar actividades posteriores de intervención educativa o para guiar futuros diagnósticos.
c) Sirve como archivo de información histórica obtenida a través de entrevista, de la observación o de la intervención educativa.
d) Es un documento legal.

Aun cuando los aspectos señalados hacen referencia al informe escrito, esto no quiere decir que, en determinados casos, la comunicación de los resultados del diagnóstico no se pueda o deba hacer de forma oral. Aunque, en ocasiones, sea más conveniente comunicar los resultados verbalmente, el informe ha de ser redactado siempre por escrito por las razones antes mencionadas.

2. Características del informe

Autores diversos como Tallent (1988), Buisán y Marín (1987), Fernández Ballesteros (1992) o Dueñas (2002) coinciden en señalar que las características básicas de todo informe diagnóstico son tres: ser un documento científico, servir de vehículo de comunicación y ser útil. Comentamos, a continuación, cada una de estas carcaterísticas.

1) *El informe como documento científico.* El informe «es el producto de un proceso ajustado a unas normas a través de las cuales se han obtenido unos resultados de los que se derivan una serie de acciones que pretenden dar respuesta a unos objetivos previamente formulados» (Fernández Ballesteros, 1992: 88). Entendido así, el proceso de diagnóstico se asemeja a un proceso de *investigación científica*, dadas sus características de *replicable y contrastable*.

2) *El informe como vehículo de comunicación.* El informe puede ser considerado como el medio más importante de comunicación de los resultados de la evaluación. Por lo tanto, no sólo tiene que ser un elemento *transmisor* de la información, sino también un elemento que ha de ser comprensible para la/s persona/s a quien/es va dirigido. Así, los resultados derivados de la evaluación tendrán que ser expresados de forma que puedan ser entendidos por sus destinatarios. Por esta razón, a la hora de redactar el informe, se tendrá en cuenta el *lenguaje* utilizado, la extensión y el *contenido* formal de éste. Esto no significa que se hayan de excluir los términos técnicos, sino que su uso ha de ser moderado. Resulta perfectamente compatible una redacción clara y

sencilla con la inclusión de términos y datos técnicos en el informe. Además, el orientador puede realizar las aclaraciones que considere oportunas y proporcionar las explicaciones complementarias necesarias cuando se reúna con el receptor del informe (Dueñas, 2002).

3) *Utilidad del informe.* Para que un informe sea útil ha de responder a los objetivos planteados al principio del proceso de diagnóstico. Se han de evitar formulaciones genéricas y aplicables a la mayor parte del alumnado, no usando conceptos que fácilmente puedan degenerar en etiquetas diagnósticas y discriminatorias. Se ha demostrado que el informe será más útil cuanto (1) mejor responda a los objetivos planteados y (2) más recomendaciones concretas incluya para la intervención.

En resumen, todo informe diagnóstico tiene que ser *contrastable, comprensible* y *útil.* El informe ha de constar de los apartados siguientes: identificación del orientador, objetivos de la evaluación, identificación del sujeto o de los sujetos evaluados y del remitente (en su caso), técnicas aplicadas, procedimiento seguido, resultados obtenidos, conclusiones y recomendaciones. Todo el informe ha se de ser redactado en un lenguaje sencillo, sin que mengüe la presentación de datos técnicos para las descripciones, las inferencias o las abstracciones teóricas que sea necesario realizar.

3. Tipos de informe

Según como se organice el material diagnóstico, Maloney y Ward (1976) hablan de la existencia de tres tipos de informe:

1) *Informe basado en la teoría.* El supuesto básico de este tipo de informe es que detrás de cada diagnosticador hay siempre una teoría (modelo tradicional frente al modelo conductual, por ejemplo). El marco teórico adoptado no sólo determina la actuación del evaluador en cuanto a las técnicas a utilizar para la recogida de la información, sino que influye a lo largo de todo el proceso diagnóstico (e.g., en el énfasis en el análisis de unas áreas sobre otras, en la instrumentación empleada, en los resultados y en las conclusiones), todo lo cual condiciona también el tipo de intervención.

Los principales *problemas* del informe basado en la teoría son (a) las restricciones en la comunicación de los resultados, dado que los posibles receptores del informe no tienen por qué conocer las teorías de referencia del evaluador y (b) el hecho de tener que presentar los resultados del informe en función de determinados constructos puede ser un obstáculo para cumplir con los requisitos de utilidad del informe. Como *ventajas* cabe destacar que si la persona a quien se dirige el informe conoce las características del enfoque, la información contenida en el mismo se puede reducir considerablemente y hacerse mucho más breve y sintética.

2) *Informe basado en las técnicas.* En este tipo de informe se presentan los resultados obtenidos de la evaluación tomando como base la información proporcionada por el alumno en la ejecución de tests y otras pruebas técnicas. La redacción es muy sencilla, puesto que simplemente se sigue un orden en la descripción y presentación de las pruebas utilizadas (e.g., inteligencia, rendimiento académico, conducta, intereses y motivaciones, etc.). El principal *inconveniente* es que el informe basado en las técnicas puede resultar incomprensible para las personas sin una formación psicopedagógica. Como *ventaja* cabe destacar que no es posible formular ningún tipo de inferencia que pueda viciar los resultados. Todo se lee en los datos.

3) *Informe basado en el problema.* Este tipo de informe se redacta en función de las cuestiones u objetivos planteados por el remitente. El informe basado en la descripción del problema es útil porque las necesidades de la persona diagnosticada son descritas de la forma más completa y explícita posible. Un ejemplo de este tipo de informe es el diseñado por Weed (1970). En el modelo de Weed se integran cuatro componentes:

- *Datos básicos* (biográficos, análisis clínicos, examen del funcionamiento intelectual, de la personalidad, etc.).
- *Lista de problemas*: trastornos médicos, ambientales, conductuales y sociales que han sido puestos de manifiesto a través de los datos básicos.
- Formulación de un *procedimiento para la intervención* con cada uno de los problemas enumerados.
- *Seguimiento*: registro de los datos que se vayan recogiendo sobre los cambios producidos.

Este tipo de informe presenta una limitada versión del funcionamiento psicológico de la persona, puesto que no se incluyen los aspectos positivos, sino sólo el listado de conductas patológicas o problemáticas. La principal *ventaja* es que los problemas y su tratamiento se hacen claramente explícitos, además de ser un informe comprensible y útil para profesionales sin una formación psicopedagógica extensa.

4. Organización del informe

Las propuestas realizadas para estructurar el contenido del informe psicopedagógico han sido múltiples. La mayor parte de los autores (Maloney y Ward, 1976; Pelechano, 1976; Nay, 1979; Fernández Ballesteros, 1992) adoptan una postura ecléctica que utiliza un enfoque racional de la organización del material.

Fernández Ballesteros (1992) propone estructurar el contenido del informe independientemente del enfoque adoptado y sugiere que éste se componga de los apartados siguientes:

1) *Datos personales del alumno y del evaluador.* Respecto al alumno, deberán figurar su nombre, la edad, el curso, el colegio, el género, la fecha de examen, el nombre y la profesión de los padres, el número de hermanos y la posición que ocupa la persona evaluada con respecto a ellos. En cuanto al evaluador, se presentará el nombre, su acreditación y su afiliación.

2) *Referencia y objetivos.* Se indicarán el motivo de la evaluación y los objetivos los planteados, tanto por el remitente del caso como por el alumno o familiares.

3) *Datos biográficos relevantes.* Deberán figurar en este apartado aquellos datos de interés, tanto sobre las condiciones ambientales presentes y pasadas como también información sobre la evolución y desarrollo del problema. También se incluirán datos sobre las variables sociodemográficas del alumno.

4) *Técnicas y procedimiento.* Se presentará un listado con las técnicas, tests o instrumentos empleados para la recogida de información. En el caso de utilizarse tests estandariados, tendrá que figurar la muestra de tipificación utilizada para la obtención de las puntuaciones estándar, y la fecha de edición. Asimismo, figurará una descripción del procedimiento seguido al objeto de hacer posible la replicación de la evaluación por otro profesional.

5) *Conducta durante la exploración.* Se ha de incluir algún comentario sobre la observación de las conductas motoras externas y de las

conductas verbales del sujeto durante el tiempo de examen, así como el grado de colaboración, persistencia y tolerancia a las pruebas y a la situación.

6) *Integración de los resultados.* Se presentarán los datos obtenidos y los hallazgos fundamentales en los diferentes ámbitos evaluados (intelectual, personal y/o social, académico, biológico, familiar).

7) *Orientaciones para la intervención.* En este apartado, se tendrá que dar respuesta a los planteamientos iniciales y se incluirán todo tipo de orientaciones que se piense puedan contribuir o repercutir positivamente en la resolución o mejora del problema.

8) *Valoración de las intervenciones* (en su caso). En el caso de haberse llevado a término una intervención o tratamiento, se realizará un seguimiento para conocer la evolución y los cambios producidos a lo largo de la misma.

Tanto la extensión como el contenido de los apartados del informe pueden variar según la naturaleza del informe y del interés de los orientadores y destinatarios. El informe no agota toda la información que se tiene disponible y que debe guardarse del alumno. Los datos como los registros observacionales, los protocolos de las pruebas administradas, los registros de las reuniones y las entrevistas realizadas deben quedar archivadas. Es decir, toda la información que apoye las conclusiones y recomendaciones efectuadas ha de quedar guardada en lugar seguro (Dueñas, 2002).

5. Recomendaciones

Además de las cuestiones organizativas y de contenido del informe diagnóstico, conviene no dejar de lado la importancia que tienen otros aspectos como el estilo de redacción, los destinatarios o la comunicación oral de los resultados. Veamos, a continuación, algunas cuestiones de interés.

1) El estilo

- El estilo del informe tiene que ser claro, conciso y comprensible.
- Ha de evitarse toda ambigüedad y las afirmaciones que en él figuren han de estar basadas exclusivamente en los datos.
- La ausencia de tecnicismos no es un impedimento para redactar un texto científico y replicable.

2) Pensar a quién va dirigido

- La redacción del informe dependerá de la persona a quien vaya dirigido.
- Los informes pueden repercutir negativamente en las personas sobre las que se informa.
- Hay múltiples opiniones sobre si el informe tiene que entregarse a los padres, además de a los profesores. Una opinión bastante generalizada es que las dos partes tienen derecho a conocer los resultados, siempre que no se deriven repercusiones negativas para la persona evaluada. Es el orientador quien tiene que tomar sus propias decisiones cada vez.
- El informe es un documento confidencial.

3) Información oral

- El informe escrito debe ser complementado con la comunicación verbal, aunque en ocasiones éste sea sustituido por la información oral.
- Cuando puedan derivarse riesgos para la persona, el informe escrito deberá ser sustituido por la comunicación verbal de los resultados de la exploración.

6. Consideraciones básicas sobre el informe psicopedagógico

A modo de resumen de todo lo dicho a lo largo de este capítulo, recogemos en ocho puntos las cuestiones que consideramos básicas y fundamentales a la hora de elaborar un informe psicopedagógico (Fernández Ballesteros, 1992):

1) El informe psicopedagógico tiene que ser *emitido por un profesional* de la psicología o de la psicopedagogía y, por lo tanto, junto con el nombre y los apellidos de éste, tendrá que figurar su acreditación como psicólogo o psicopedagogo.
2) El informe psicopedagógico es *un documento científico* en el que se recogen los resultados del estudio psicopedagógico efectuado a una o más personas y, por lo tanto, un requisito básico es que pueda ser *contrastable.*

3) En el informe, deberán figurar –junto con el nombre y, en su caso, la titulación de la persona o las personas que lo solicitaron– los *objetivos* del diagnóstico.

4) En el informe, también se harán constar los *instrumentos psicológicos o pedagógicos utilizados* (tests, escalas, aparatos, etc.) indicando, en su caso, el tipo de material empleado para la obtención de las puntuaciones normalizadas. Deberá ser incluido cualquier otro detalle de procedimiento que permita la contrastación de los resultados.

5) En el informe, se comentarán aquellas *conclusiones* que den respuesta a los objetivos planteados, bien sean de diagnóstico, orientación, selección o tratamiento.

6) Las *descripciones psicopedagógicas* sobre el alumno, como también el diagnóstico, orientación o predicción, deberán estar *debidamente justificadas* partiendo de los datos (cualitativos y cuantitativos) sobre los que se basan las inferencias. La valoración de los efectos de las intervenciones también deberá estar basada en los cambios conductuales observados.

7) Los alumnos tienen *derecho* a conocer los resultados del diagnóstico y, por tanto, el contenido del informe, siempre que esto no vulnere otro principio deontológico.

8) El informe psicopedagógico es *un documento confidencial*, por lo que la información que contiene tiene que ser compartida sólo por las personas pertinentes.

7. Actividades

1) Lee alguno de los informes que se incluyen en la Tercera Parte de este libro y reflexiona sobre el tipo de informe de que se trata (informe basado en la teoría, en las técnicas o en el problema). Razona y justifica la respuesta.

2) Basándonos en el estudio de caso descrito en el capítulo anterior (Actividad 2) y con los nuevos datos que se aportan a continuación, elabora un informe siguiendo el esquema que se te propone.

TÉCNICAS Y PRUEBAS APLICADAS

- Escalas McCarthy de Aptitudes y Psicomotricidad para Niños (MSCA) (McCarthy, 1972).

- Escala para la evaluación del Déficit de Atención con Hiperactividad (TDAH).

RESULTADOS DE LAS PRUEBAS

MSCA

Escala	Puntuación típica	Puntuación centil
Verbal	34	5
Perceptivo-manipulativa	36	8
Numérica	27	1
Memoria	31	3
Motricidad	69	97
General cognitiva	68	2
Edad mental: 2 años y 10 meses		

TDAH

	Hiperactividad	Déficit de atención	Trastorno conducta	H + DA	H + DA + TC
P.directa	13	13	16	26	42
P. centil	99	99	98	99	99

H = Hiperactividad; DA = Défitit de atención; TC = Trastorno de conducta

INFORME PSICOPEDAGÓGICO

1. DATOS PERSONALES
Apellidos y nombre: _____

Fecha actual: _____ Fecha de nacimiento: _____ Edad cronológica: _____

Nivel: _____ Centro escolar: _____

Valoraciones anteriores (Profesional/Organismo)

1) Fecha _____

2) Fecha _____

3) Fecha _____

Tratamientos recibidos desde diferentes ámbitos

_____

Medicación actual _____

2. MOTIVO DE CONSULTA

_____

3. HISTORIA PERSONAL
Antecedentes familiares _____

Datos evolutivos _____

Historia clínica _____

Antecedentes escolares _____

Tratamientos específicos _____

4. ASPECTOS SOCIO-FAMILIARES
Composición familiar _____

Situación socio-económica _____

5. PROCEDIMIENTO DE EVALUACIÓN
Técnicas y pruebas aplicadas _____

Conducta durante la exploración _____

6. VALORACIÓN DE LOS DATOS OBTENIDOS
Área cognitiva _____

Nivel de adaptación personal y social _____

Área de lenguaje y comunicación _____

Desarrollo sensoperceptivo-motor _____

Autonomía personal _____

Aprendizajes básicos / Nivel de competencia curricular _____

Estilo de aprendizaje y motivación para aprender _____

7. CONCLUSIONES Y MODALIDAD EDUCATIVA RECOMENDADA
Diagnóstico _____

Modalidad educativa recomendada _____

8. ORIENTACIONES
Escolares _____

Familiares _____

Personales _____

SEGUNDA PARTE
Técnicas e instrumentos de evaluación

Capítulo 4
Técnicas de evaluación psicométricas y proyectivas

1. Introducción

La medición de las características y rasgos personales en psicología y educación se realiza habitualmente a través de técnicas y procedimientos diversos. Si las características a evaluar pertenecen al plano cognitivo (e.g, aptitudes, rendimiento, estilo cognitivo, pensamiento crítico y creativo), se suelen utilizar tests. Por el contrario, cuando los aspectos que se han de evaluar son no cognitivos, sino más bien conativos (e.g., personalidad, actitudes, valores, intereses), se utilizan preferentemente técnicas de autoinforme y observación.

Los procedimientos y técnicas de evaluación se seleccionan siempre de forma que puedan dar respuesta a las cuestiones planteadas en torno a la persona evaluada, sin olvidar, además, que los instrumentos utilizados deben ser fiables y válidos. Sin embargo, algunas técnicas pueden ser más apropiadas que otras para los propósitos de la evaluación. Así, por ejemplo, los tests estandarizados son particularmente valiosos para comparar el rendimiento de los estudiantes con el de un grupo normativo (grupo-clase, escuela, localidad, distrito, comunidad o nación). Estos tests pueden ser especialmente útiles para identificar estudiantes de alto riesgo o estudiantes con discapacidades. Por el contrario, los tests estandarizados no son muy útiles para evaluar los procesos de enseñanza-aprendizaje. Para este último propósito, los tests elaborados por los profesores, la valoración basada en el currículum u otras alternativas pueden resultar más indicadas; no obstante, su utilidad es limitada a la hora de comparar al estudiante con una muestra o población más grande.

En este capítulo abordaremos las denominadas técnicas psicométricas y proyectivas, así como también sus características y tipos, entendidas las primeras como *normas cuantitativas* que hacen referencia a características psicológicas particulares y concretas del individuo y, las segundas, como *normas cualitativas* relativas a rasgos más globales de la personalidad.

2. Técnicas psicométricas

Al hablar de técnicas psicométricas, nos estamos refiriendo, generalmente, a los *tests*, procedimientos sistemáticos para observar la conducta del sujeto y describirla con la ayuda de escalas numéricas o categorías previamente establecidas. Las técnicas psicométricas incluyen «aquellos tests de evaluación y diagnóstico que han sido elaborados utilizando procedimientos estadísticos, altamente sofisticados y con material rigurosamente estandarizado y tipificado en sus tres fases fundamentales: administración, corrección e interpretación» (Fernández Ballesteros, 1987: 166).

Los tests son técnicas de investigación social que miden constructos teóricos definidos operativamente mediante los diversos ítems que los integran o componen (Aiken, 1996; Grzib, 1981). Como técnicas de diagnóstico, las pruebas psicométricas son instrumentos específicos que sirven para cuantificar las características diferenciales de las personas evaluadas y para contrastar los datos obtenidos a través de otros procedimientos de recogida de información. Además, permiten una descripción cuantitativa y contrastable de la conducta de un individuo ante una situación específica tomando como referencia la conducta de un grupo de sujetos. Su finalidad es múltiple:

1) El estudio de las diferencias interindividuales.
2) La clasificación de las personas o grupos en categorías.
3) El contraste de hipótesis, y
4) La predicción del rendimiento, entre otras.

2.1. Características de las técnicas psicométricas

Cualquier test ha de reunir, como mínimo, tres cualidades básicas y fundamentales: (1) ser fiable, (2) ser válido, y (3) estar tipificado. Comentamos, brevemente, cada una de estas condiciones.

La fiabilidad de un test indica el grado en que los ítems del test están libres de error. Por lo tanto, se la puede definir como la exactitud con la que una prueba mide una determinada característica. Un test es fiable cuando mide con la misma precisión y da los mismos datos en sucesivas aplicaciones, hechas en situaciones parecidas, sin que se hayan producido cambios en el sujeto evaluado. Dos indicadores frecuentes de la fiabilidad son la estabilidad test-retest (llamada también fiabilidad temporal) y la consistencia interna. La fiabilidad test-retest se calcula administrando la prueba a los mismos sujetos dos veces y calculando la correlación entre las dos puntuaciones obtenidas. Una alta correlación indica que el test o la prueba es fiable.

Un segundo aspecto de la fiabilidad es la consistencia interna definida como el grado en que los ítems que componen el test miden todos lo mismo. El coeficiente de consistencia interna puede medirse de forma diversa. El indicador más común es el coeficiente *alpha* de Cronbach. Este estadístico proporciona un índice de la correlación media entre todos los ítems de la escala. Sus valores oscilan entre 0 y 1. Cuanto más se aproxima este índice a 1, mayor es la fiabilidad como consistencia interna del test.

La validez es la característica más importante del test. Un test es válido cuando mide aquello que pretende medir. Así, por ejemplo, si lo que se pretende medir es la inteligencia, debemos estar seguros de que el test que hemos seleccionado está midiendo precisamente la inteligencia y no cualquier otro constructo psicológico como, por ejemplo, la aptitud verbal. El orientador necesita pues no sólo un instrumento fiable, sino también un instrumento que le lleve a conclusiones correctas a partir de la información obtenida.

Los tipos principales de validez son: la validez de contenido (o aparente), la validez de criterio y la validez de constructo. La validez de *contenido* se refiere al grado en que los ítems del test representan al universo de dominios o contenidos del constructo. La validez de *criterio* se define como la relación existente entre las puntuaciones obtenidas en un instrumento y las puntuaciones obtenidas en otros instrumentos o medidas (llamadas criterio). El criterio es una segunda puntuación obtenida de otro test o prueba. Por ejemplo, un instrumento diseñado para medir la motivación académica, podrá utilizar como criterio la puntuación media en rendimiento académico (criterio). La relación es positiva cuando las altas puntuaciones en un instrumento se acompañan de altas puntuaciones en el otro y *viceversa* cuando las bajas puntuaciones en un test van unidas a bajas puntuaciones en el otro. Por el contrario, la relación es negativa cuando las altas puntuaciones en un instrumento se asocian a bajas puntuaciones en el otro y *viceversa*. En el ejemplo anterior, una alta correlación permitiría predecir las puntuaciones en matemáticas a partir de un test de motivación para la matemática. Cohen (1988) sugiere que una correlación de .1 es pequeña, .de 3 es moderada y de 5 puede considerarse una buena correlación. Por ultimo, la validez de *constructo* permite a los orientadores hacer inferencias precisas en base a las puntuaciones obtenidas por los sujetos en el test. No existe un sólo índice que aporte evidencia de la validez relacionada con el constructo. Los orientadores, más bien tratan de recoger diferentes tipos de evidencia (cuanto más evidencia y más variada mejor) para hacer pronósticos de las personas evaluadas. La validez de constructo implica someter a prueba hipótesis relacionadas con la naturaleza del constructo. Por ejemplo, verificar si el sujeto inteligente es el que mejor se adapta o el que mejor rinde ante determinado tipo de tareas.

Una última característica de los tests es estar tipificado. La *tipificación* consiste en la búsqueda del significado que tiene la puntuación directa obtenida por un sujeto en el test en relación con un grupo normativo. Para tipificar una puntuación directa, es necesario compararla con las puntuaciones obtenidas por una muestra representativa de la población a la que pertenece el sujeto.

2.2. Clasificación de las técnicas psicométricas

Es tal la variedad y cantidad de este tipo de pruebas en el mercado que, en la práctica, es difícil encontrar una clasificación que englobe a todas ellas satisfactoriamente. Fernández Sanchidrián (1986), por ejemplo, ofrece una clasificación bastante completa, atendiendo a dos criterios: el método utilizado a la hora de interpretar las respuestas y el rasgo que miden. Así pues, una posible clasificación sería la siguiente:

1) Según el método, los tests se pueden clasificar en:

- *Tests psicométricos*. Se ajustan a normas cuantitativas y hacen referencia a características psicológicas concebidas como unidades más o menos independientes. El resultado final es una medida.
- *Tests proyectivos*. Se ajustan, fundamentalmente, a normas cualitativas y hacen referencia a la personalidad total.

2) Según el rasgo que miden, los tests pueden ser:

- *Tests de rendimiento*. Tienen como finalidad detectar los conocimientos que ha adquirido una persona en relación con los que tienen los otros individuos o sujetos de la misma población. Hay varias clases de tests de rendimiento:

o *Tests de diagnóstico*. Identifican los puntos fuertes y débiles en un área determinada.
o *Tests específicos*. Miden el rendimiento en un dominio concreto. Por ejemplo, en la lectura o en la ortografía.
o *Baterías*. Evalúan el rendimiento en varias áreas o dominios.

- *Tests de aptitud*. Miden la capacidad para realizar una tarea concreta (e.g., cálculos numéricos). Se suele diferenciar entre tests de aptitudes psicológicas (inteligencia general y aptitudes especiales) y los tests de aptitud práctica (escolares y profesionales).
- *Tests de personalidad*. Hacen referencia a aspectos no cognoscitivos de la conducta, como por ejemplo la adaptación personal y/o social, las actitudes, la motivación, los intereses, etc. Este tipo de tests pueden, a la vez, subdividirse en función de dos criterios:

o Según la *finalidad*: tests sintéticos (de personalidad total) y tests analíticos (de actitudes, intereses, valores).
o Según *el medio*: tests subjetivos, expresivos, proyectivos, objetivos y situacionales.

Las técnicas psicométricas se clasifican además atendiendo a dos criterios: la existencia o no de normas y estándares. Estos criterios dan lugar a su clasificación en: tests *normativos* y tests *criteriales*, por un lado y, tests estandarizados frente a tests *no estandarizados* o informales, por otro.

a) Tests normativos frente a tests criteriales

Los *tests normativos o tests con referencia a la norma* comparan los resultados obtenidos por un sujeto en un test con los resultados obtenidos por todos los otros sujetos que hicieron el mismo test (grupo normativo). El grupo normativo de comparación puede ser el grupo-clase, otros estudiantes de la misma escuela o distrito, de la localidad, de la comunidad o del estado. En este tipo de evaluación, resulta muy importante conocer la composición o naturaleza del grupo normativo y la capacidad que muestra el test para diferenciar a los sujetos en el rasgo considerado. La naturaleza del grupo normativo es muy importante, dado que de la comparación del sujeto con grupos no representativos se pueden derivar interpretaciones erróneas. Si la muestra de estudiantes que comprende el grupo normativo es sustancialmente diferente de aquella a la que pertenece la persona evaluada (e.g., región del país, edad, género, nivel socioeconómico, etnia, etc.), las normas de dicho grupo normativo no serán válidas para evaluar su ejecución.

Por el contrario, en los *tests con referencia al criterio* se compara la ejecución del sujeto con un nivel de rendimiento o habilidad predeterminado de antemano, no con lo que hacen otros sujetos. El criterio puede ser un objetivo cualquiera del currículum (contenido, procedimiento o actitud). Se valora si el estudiante es capaz de hacer la tarea y dominar el objetivo con exactitud y consistencia. Los exámenes hechos por los profesores o tests de competencias mínimas en los que el énfasis recae en la seguridad de que los alumnos conocen ciertos conceptos o han adquirido determinadas habilidades son ejemplos de tests con referencia al criterio.

Las diferencias entre los tests normativos y criteriales más destacables aparecen resumidas en la Tabla 4.1.

Tabla 4.1
Análisis comparativo entre los tests con referencia a la norma
y con referencia al criterio

	Tests normativos	**Tests criterials**
Propósito	• Discriminar entre individuos (diferencias interindividuales). • Indicar la posición relativa.	• Describir las tareas del proceso de aprendizaje que los sujetos no dominan (diferencias intraindividuales).
Contenido del test	• Dominio muy amplio de tareas testadas con pocos ítems para cada tarea.	• Dominio predeterminado de antemano estado con un gran número de ítems.
Dificultad de los ítems	• Los ítems son moderadamente difíciles. • Se omiten los ítems muy fáciles o muy difíciles.	• Los ítems son parecidos a las tareas. • Los ítems tienden a ser relativamente fáciles.
Interpretación	• Describen el nivel de ejecución en relación con lo que hace un grupo claramente definido.	• Describen el nivel de ejecución en relación con una tarea de aprendizaje claramente definida.

Fuente: Adaptado de Linn y Gronlund (1995)

b) Tests estandarizados frente a tests no estandarizados (informales)

Los *tests estandarizados* son tests que tienen procedimientos uniformes de administración y puntuación. El procedimiento de aplicación se indica claramente: personas cualificadas que han de administrar el test, tiempo permitido para responder, materiales que se pueden utilizar, instrucciones para la corrección y puntuación, etc. La valoración de las respuestas es casi siempre objetiva y la puntuación es, normalmente, el número total de respuestas correctas. La mayor parte de estos tests han sido administrados a un grupo normativo. Estos tipos de tests han sido elaborados para ser utilizados en contextos diversos y las habilidades o rasgos que miden se definen en términos amplios y generales, por esta razón no son suficientemente específicos para un contexto particular.

Cuando los tests estandarizados no se adaptan bien al propósito, resulta conveniente desarrollar pruebas *ad hoc*. Estos tests son elaborados frecuentemente por el profesor y también se denominan *informales*. Su objetivo suele ser comprobar el grado de adquisición de los aprendizajes.

Las diferencias entre los tests de rendimiento estandarizados y los tests informales son considerables. Estas diferencias pueden observarse en la Tabla 4.2.

Tabla 4.2
Análisis comparativo entre los tests estandarizados e informales

	Tests estandarizados	Tests informales
Objetivos y contenidos	• Objetivos y contenidos comunes a la mayor parte de las escuelas del país. • Tests de habilidades básicas adaptables a diferentes situaciones locales. • Tests orientados al contenido que pocas veces es el reflejo del currículum local.	• Objetivos y contenidos adaptados a los objetivos y contenidos del currículum local. • La flexibilidad permite una continua adaptación de los contenidos, las tareas y la evaluación. • Son elaborados a partir de las unidades didácticas (programación de aula).
Calidad de los ítems	• Alta calidad. • Ítems elaborados por especialistas, pretestados y seleccionados, una vez comprobada su efectividad y valía.	• No conocida, salvo que se utilice un banco de ítems anterior. • Calidad más baja que los tests estandarizados debido al tiempo y a la habilidad que requiere su elaboración.
Fiabilidad	• Alta fiabilidad (entre .80 y .95; frecuentemente, por encima de .90).	• Habitualmente no conocida. Puede ser alta, si están bien construidos.
Administración y puntuación	• Procedimientos estandarizados. • Se siguen instrucciones específicas.	• Procedimientos uniformes, pero flexibles.
Interpretación de las puntuaciones	• Las puntuaciones pueden ser comparadas con las del grupo normativo. • El manual del test y otras guías ayudan a interpretarlas.	• La comparación e interpretación de las puntuaciones vienen determinadas por la situación escolar.

Fuente: Linn y Gronlund (1995: 367)

2.3. Tests psicométricos más utilizados en el ámbito de la psicopedagogía

Presentar un listado de los tests psicométricos disponibles hoy en día en el mercado sería una tarea muy compleja, dada la cantidad desorbitante de los mismos (véase, por ejemplo, Pierangelo y Giuliani, 1998). Sin embargo, y sin ánimo de ser exhaustivas, hemos realizado una recopilación de aquellos tests que con más frecuencia se emplean en el campo de la psicopedagogía. Al objeto de hacer más clara la presentación, las pruebas aparecen clasificadas según sean tests individuales de inteligencia (Tabla 4.3), tests colectivos de inteligencia (Tabla 4.4), tests de aptitudes diferenciales (Tabla 4.5), tests de evaluación del lenguaje (Tabla 4.6) y tests de evaluación de la habilidad psicomotora (Tabla 4.7). De cada uno de ellos, se presenta información básica relativa al tipo de administración (individual o colectiva), edad de aplicación, aspectos que evalúa el test, pruebas de que consta y tiempo de necesario para su aplicación.

Taula 4.3. *Tests individuales de inteligencia*

Nombre de la prueba	Aplicación	Edades	¿Qué avalúa?	Áreas / Subpruebas	Tiempo
Escala de Inteligencia para Preescolar y Primaria de Wechsler (WPPSI)	Individual	De los 4 a los 6 años y medio	Evalúa la inteligencia general. Se obtiene un cociente intelectual (CI) total, un CI verbal y un CI manipulativo. Aporta información clínica sobre la organización de la conducta. Los CI se calculan a partir de 10 de los 11 subtests.	*Escala verbal:* Información, Vocabulario, Aritmética, Semejanzas, Comprensión y Memoria de frases. *Escala manipulativa:* Casa de los animales, Figuras Incompletas, Laberintos, Dibujo Geométrico y Cubos.	Variable, alrededor de 50 minutos.
Escala de Inteligencia para Niños-Revisada de Wechsler (WISC-R)	Individual	De 6 a 16 años	Evalúa la inteligencia general obteniéndose un CI total, un CI verbal y un CI manipulativo. Los CI se calculan a partir de 10 de los 12 subtests. Las pruebas de Dígitos y Laberintos son complementarias.	*Escala verbal:* Información, Comprensión, Aritmética, Semejanzas, Vocabulario y Dígitos. *Escala manipulativa:* Claves de Números, Figuras Incompletas, Cubos, Historietas, Rompecabezas y Laberintos.	Una hora y 30 minutos aproximada-mente.
Escala de Inteligencia de Wechsler para Adultos (WAIS)	Individual	A partir de los 16 años	Evalúa la inteligencia general obteniéndose un CI total, un CI verbal y un CI manipulativo.	*Escala verbal:* Información, Comprensión, Aritmética, Semejanzas, Vocabulario y Dígitos. *Escala manipulativa:* Claves de Números, Figuras. Incompletas, Cubos, Historietas, Rompecabezas	Variable, alrededor de dos horas.

Tests individuales de inteligencia (continuación)

Nombre de la prueba	Aplicación	Edades	¿Qué evalúa?	Áreas / Subpruebas	Tiempos
Escala de Inteligencia Stanford-Binet	Individual	De los 2 a los 23 años.	Evalúa la inteligencia general (factor g), además de tres factores: memoria cristalizada, memoria fluida y memoria a corto plazo. Según la edad, se utilizan unas determinadas subpruebas.	*Razonamiento verbal:* Vocabulario, Comprensión, Absurdos y Relaciones Verbales. *Razonamiento abstracto.* *Visual:* Análisis de Patrones, Copiado, Matrices, Doblaje y Cortado de papel. *Razonamiento cuantitativo:* Cuantificación, Series de Números y Construcción de Ecuaciones. *Memoria a corto plazo:* Memoria de Cuentas, Memoria de Oraciones, Memoria de Dígitos y Memòria de Objetos	No hay tiempos límite.
Escala para la Evaluación del Desarrollo Psicológico de Brunet y Lezine	Individual	Desde el nacimiento hasta los 2 años y medio.	Evalúa el grado de desarrollo en cuatro áreas y proporciona una "edad global de desarrollo" y un perfil de las áreas exploradas. Predice la inteligencia posterior.	Área motriz Área verbal Área de adaptación Área de relaciones sociales	No hay tiempos límite.
Escala de Desarrollo de Gesell	Individual	Desde un mes hasta los 60 meses.	Se obtienen cuatro cocientes de desarrollo, uno para cada una de las áreas evaluadas.	Área motora Área adaptativa Área verbal Área personal-social	No hay tiempos límite.

Tests individuales de inteligencia (continuación)

Nombre de la prueba	Aplicación	Edades	¿Qué evalúa?	Áreas / Subpruebas	Tiempo
Escalas Bayley de Desarrollo Infantil	Individual	De los 2 a los 30 meses.	Evalúa el desarrollo. Proporciona un índice mental y un índice psicomotor.	*Escala mental:* Discriminación de Formas, Atención Sostenida, Manipulación de Objetos, Imitación y Comprensión, Vocalización, Memoria, Solución de Problemas y Nombramiento de Objetos. *Escala psicomotora:* Control del Cuerpo, Coordinación de los Músculos Grandes y Habilidad Manipulativa de Manos y Dedos. *Registro de comportamiento infantil:* Observación de la conducta durante el examen (comportamiento social, cooperación, temor, tensión, tiempo de atención, etc.).	No hay tiempo límite.
Escala de Madurez Mental de Columbia (CMMS)	Individual	Entre 4 y 11 años.	Evalúa la capacidad mental y el grado de madurez intelectual, preferentemente en niños con deficiencias motoras, cerebrales o verbales. Aprecia también posibles perturbaciones del pensamiento conceptual.	Noventa y dos láminas con dibujos que reproducen figuras geométricas, personas, animales, vegetales, y objetos de la vida corriente que son percibidos fácilmente por sus dimensiones y contorno.	Variable, entre 20 y 30 minutos.

Tests individuales de inteligencia (continuación)

Nombre de la prueba	Aplicación	Edades	¿Qué evalúa?	Áreas / Subpruebass	Tiempo
Escala de Alexander	Individual	A partir de los 7 años.	Evalúa la inteligencia práctica y libre de influencia cultural. Se utiliza para evaluar niños sordos, con retraso mental y analfabetos.	*Passalong:* Reproducción de modelos representados en tarjetas. *Cubos de Kohs:* Construcción con cubos de colores de una serie de modelos representados en tarjetas. *Construcción con cubos:* Reproducción con cubos de unos bloques que aparecen representados en las tarjetas.	De 35 a 40 minutos.

Tabla 4.4. *Tests colectivos de inteligencia*

Nombre de la prueba	Aplicación	Edades	¿Qué evalúa?	Áreas / Subpruebas	Tiempo
Tests de Matrices Progresivas de Raven (Escalas CPM Color, SPM General y APM Superior)	Individual y colectiva	*Escala CPM:* 4-9 años. *Escala SPM:* a partir de los 6 años. *Escala APM:* adolescentes y adultos con mayor dotación.	Prueba no verbal basada en estímulos figurativos a partir de los cuales se hacen comparaciones, analogías y organización de percepciones espaciales. Permite una estimación rápida del nivel de funcionamiento intelectual.	Ítems de carácter gestáltico en los que el sujeto debe completar un dibujo al que le falta un trozo. Ítems de razonamiento analógico. La tarea exige prestar atención a dos dimensiones: izquierda-derecha y arriba-abajo.	Variable, entre 40 y 90 minutos (según escala y forma de aplicación).
Tests de Dominós: Test de Inteligencia General. Series 1 y 2 (TIG-1 y TIG-2), D-48 y D-70	Individual y colectiva	*TIG-1:* a partir de los 10 años. *TIG-2:* a partir de los 14 años. *D-48:* a partir de los 12 años. *D-70:* a partir de los 12 años.	Pruebas no verbales que evalúan la capacidad de abstracción y la comprensión de relaciones. Permite la estimación del factor "g" de inteligencia.		Quince minutos (TIG-1). Treinta minutos (TIG-2). Veinticinco minutos (D-48 y D-70).
Tests de Factor "G" Escalas 1, 2 y 3	Individual y colectiva	*Escala 1:* 4-8 años y personas con discapacidad psíquica. *Escala 2:* a partir de los 8 años. *Escala 3:* a partir de los 15 años.	Pruebas libres de influencias culturales. Evalúan el factor "g" de inteligencia.	*Escala 1:* Sustitución, Clasificación, Laberintos, Identificación, Órdenes, Adivinanzas, Errores y Parecidos. *Escalas 2 y 3:* Series, Clasificación, Matrices y Condiciones.	*Escala 1:* variable, 40 minutos aproximadamente. *Escalas 2 y 3:* alrededor de 12 minutos.

Tests colectivos de inteligencia (continuación)

Nombre de la prueba	Aplicación	Edades	¿Qué evalúa?	Áreas / Subpruebas	Tiempo
Otis Sencillo. Test de Inteligencia General (OS)	Individual y colectiva	A partir de los 11 años.	Evalúa la inteligencia general mezclando ítems de diferentes características. Proporciona información sobre el desarrollo mental del sujeto y de su capacidad para adaptarse a nuevas exigencias.		Treinta minutos.
Test Beta (Revisado)	Individual y colectiva	A partir de los 14 años.	Evalúa la inteligencia general en adultos de nivel cultural bajo y en analfabetos.	Laberintos, Claves de Símbolos, Reconocimiento de Errores, Tableros de Formas, Figuras Incompletas y Apreciación de Diferencias.	Quince minutos.

Tabla 4.5. *Tests de aptitudes diferenciales*

Nombre de la prueba	Aplicación	Edades	¿Qué evalúa?	Áreas / Subpruebas	Tiempo
Test de Aptitudes Mentales Primarias (PMA)	Individual y colectiva	A partir de los 10 años.	Evalúa las aptitudes mentales básicas de la inteligencia. El total ponderado de los factores permite una estimación de la inteligencia general.	*Verbal*: Capacidad para comprender y expresar ideas con palabras. *Espacial*: Capacidad para imaginar y concebir objetos en dos y tres dimensiones. *Numérico*: Capacidad para trabajos con números y conceptos cuantitativos. *Razonamiento*: Capacidad para resolver problemas lógicos, comprender y planear. *Fluidez verbal*: Capacidad para hablar y escribir sin dificultad.	Veintiseis minutos.
Batería para la Evaluación de las Aptitudes Escolares (BAPAE)	Individual y colectiva	BAPAE-1: 6-7 años. BAPAE-2: 8-9 años.	Evalúa las aptitudes escolares a través de tres factores: Comprensión Verbal, Aptitud Numérica y Aptitud Perceptiva.	Comprensión Verbal. Relaciones Espaciales. Aptitud Numérica (conceptos espaciales). Aptitud Perceptiva (constancia de la forma). Aptitud Perceptiva (orientación espacial).	Entre 30-40 minutos.

						Tests de aptitudes diferenciales (continuación)

Nombre de la prueba	Aplicación	Edades	¿Qué evalúa?	Áreas / Subpruebas	Tiempo
Test de Aptitudes Escolares (TEA 1, 2 y 3)	Individual y colectiva	TEA 1: 8-12 años. TEA 2: 11-14 años. TEA 3: 14-18 años.	Evalúa las aptitudes básicas para el aprendizaje escolar mediante tres factores: Verbal, Razonamiento y Numérico.	*Verbal:* Dibujos, Palabra Diferente, Vocabulario. *Razonamiento:* Ordenación Lógica de Figuras, Números o Letras. *Numérico:* Cálculo.	Variable, entre 26 y 42 minutos según el nivel.
Test de Aptitudes Diferenciales (DAT)	Individual y colectiva	A partir de los 14 años.	Evalúa los aspectos básicos de la inteligencia.	Razonamiento Verbal, Razonamiento Abstracto, Aptitud Numérica, Rapidez y Precisión Perceptiva, Razonamiento Mecánico y Relaciones Espaciales	Dos horas y 11 minutos.
Batería de Aptitudes Diferenciales y Generales (BADYG, Formas A, B, C, E, M, S)	Individual y colectiva	BADYG-A: 4-6 años. BADYG-B: 6-7 años. BADYG-C: 8-12 años. BADYG-E: 12-14 años. BADYG-M: 14-16 años. BADYG-S: a partir de los 16 años.	Evalúa las aptitudes diferenciales y generales de la inteligencia.		Una hora y 30 minutos aproximadamente.

Tests de aptitudes diferenciales (continuación)

Nombre de la prueba	Aplicación	Edades	¿Qué evalúa?	Áreas / Subpruebas	Tiempo
Escalas McCarthy de Aptitudes y Psicomotricidad para Niños (MSCA)	Individual	De los 2 años y medio a los 8 y medio.	Se evalúan aspectos cognitivos y psicomotores del desarrollo.	Dieciocho tests agrupados en 6 escalas: Verbal, Perceptiva, Manipulativa, Numérica, Memoria, Motricidad y General Cognitiva.	Cuarenta y cinco minutos aprox.
Tests de aptitudes espaciales: Test de Aptitudes Mecánicas de MacQuarrie	Colectiva	A partir de los 10 años.	Evalúa algunos aspectos de la inteligencia técnica y de las habilidades relacionadas con la precisión y la rapidez manual.	Trazado, Marcado, Punteo, Copiado, Localizado, Recuento y Laberintos.	Once minutos aprox.
Tests de aptitudes espaciales: Test de Aptitudes Musicales de Seashore	Individual	A partir de los 9 años.	Evalúa varios aspectos de la aptitud musical: tono, intensidad, ritmo, sentido del tiempo, timbre y memoria tonal.		Variable, 1 hora aprox.

Tabla 4.6. *Tests de evaluación del lenguaje*

Nombre de la prueba	Aplicación	Edades	¿Qué evalúa?	Áreas / Subpruebas	Tiempo
Test Illinois de Habilidades Psicolingüísticas (ITPA)	Individual	De 3 a 10 años.	Evalúa las funciones cognitivas y lingüísticas implicadas en la comunicación.	*Canales de comunicación:* auditivo-vocal, visual-motor. *Procesos psicolingüísticos:* receptivo, expresivo, organizativo o asociativo. *Niveles de organización:* representativo, automático.	Una hora aprox.
Escalas de Reynell de Desarrollo del Lenguaje	Individual	Entre los 6 meses y los 6 años.	Evalúa las capacidades de pensamiento simbólico y la formación de conceptos implicados en las funciones de comprensión y expresión verbal.	*Escala de comprensión verbal:* Relaciones Palabra-Objetos, Símbolos, Objetos, Atributos y Comprensión de Relaciones Temporales. *Escala de expresión verbal:* Expresiones Espontáneas, Vocalizaciones, Vocabulario y Uso creativo.	Una hora aprox.
Test de Conceptos Básicos de Boehm	Colectiva	De 4 a 7 años.	Mide el grado de conocimiento de conceptos básicos para el aprendizaje escolar.	Espacio Cantidad Tiempos Otros	Sin tiempo limitado. Normalmente dos sesiones de 20 minutos cada una.

Tests de evaluación del lenguaje (continuación)

Nombre de la prueba	Aplicación	Edades	¿Qué evalúa?	Áreas / Subpruebas	Tiempos
Batería Diagnóstica de la Madurez Lectora (BADIMALE)	Individual	De 4 a 6 años. Educación especial.	Evalúa la madurez para iniciar con éxito el aprendizaje de la lectura y la escritura.		Variable.
Reversal Test	Individual o colectiva	Seis años.	Evalúa la preparación para la enseñanza de la lectura a través de tareas de discriminación perceptiva y orientación espacial.		Variable.
Test de Vocabulario en Imágenes de Peabody	Individual	De los 2 años y medio a los 18.	Evalúa el desarrollo del lenguaje y determina el lenguaje más efectivo para dar instrucciones a niños bilingües.		Diez-quince minutos.
Test de Análisis de la Lecto-escritura (TALE)	Individual	De 6 a 10 años.	Describe los niveles y las características específicas de la lectura y escritura en un momento dado del aprendizaje.	*Lectura*: Lectura Mecánica, Comprensión Lectora. *Escritura*: Copiado, Dictado y Escritura Espontánea.	Variable.

Tabla 4.7. Tests de evaluación psicomotriz

Nombre de la prueba	Aplicación	Edades	¿Qué evalúa?	Áreas / Subpruebas	Tiempo
Tests Motores de Ozeretzky	Individual	A partir de los 4 años.	Evalúa varios componentes de la motricidad gruesa. Se obtiene una edad motora y un cociente motor.	Coordinación estática. Coordinación dinámica de las manos. Coordinación dinámica general. Rapidez en el movimiento. Simultaneidad de los movimientos.	Variable
Test Gestáltico-Visomotor de Bender	Individual	A partir de los 4 años.	Evalúa la función gestáltica visomotora, su desarrollo y las regresiones.	Nueve figuras geométricas que el niño debe reproducir teniendo delante el modelo.	Variable, 15-30 minutos.

3. Técnicas proyectivas

El término *técnica proyectiva* fue utilizado por primera vez, en 1939, por L. K. Frank, quien lo definió como «un método de estudio de la personalidad que coloca al sujeto ante una situación a la que responde según el sentido que dicha situación tenga para él y según lo que siente en el momento de emitir la respuesta».

Las técnicas proyectivas se basan en la teoría psicológica de la proyección que asume que cada persona tiende a manifestar y evocar de alguna manera (verbal, gráfica, etc.) sus sentimientos, ideas, deseos o conflictos. Sin embargo, lo que se manifiesta ante cada situación concreta es la personalidad global con las propias actitudes, conflictos y riesgos específicos.

La base teórica de las técnicas proyectivas se encuentra en las teorías dinámicas de la personalidad. Lindzey (1961) las define como «técnicas consideradas especialmente sensibles para revelar aspectos inconscientes de la persona que provocan una amplia variedad de respuestas subjetivas. Son altamente muldimensionales y evocadoras de datos muy ricos, pero poco usuales, con tan sólo un mínimo de conocimiento por parte del sujeto al que se le aplica el test» (p. 45).

Estas técnicas se ajustan a normas cualitativas y requieren una formación profesional específica, en particular clínica, debido a las grandes dificultades para su interpretación.

3.1. Características de las técnicas proyectivas

Para Fernández Ballesteros, Vizcarro y Márquez (1992), los supuestos que caracterizan estas pruebas, independientemente del enfoque teórico adoptado son las siguientes:

a) La persona evaluada tiene una *estructura básica, bien establecida, de la personalidad, y un sustrato inconsciente* formado por impulsos, tendencias, conflictos, necesidades, etc. La exploración de esta estructura se hace a través de las respuestas de los sujetos.

b) La organización de la estructura de la personalidad hace necesarios *diversos niveles de profundidad en el análisis.*

c) Hay una *relación entre los aspectos inobservables* que integran la estructura de la personalidad *y las manifestaciones conductuales observables* de los sujetos. Por lo tanto, el análisis de la estructura de la personalidad mediante estas manifestaciones permitirá la predicción del comportamiento.

d) Toda *respuesta ante el material proyectivo no es casual,* sino que es significativa y debe ser entendida como un signo de la personalidad del sujeto.

e) Cuanto más *ambiguas* sean las propiedades de los estímulos de una técnica proyectiva, mejor se reflejarán las respuestas de la personalidad.

f) El individuo no es consciente de la relación entre sus respuestas y su mundo interno y es difícil que pueda falsear las respuestas. Por eso, estas técnicas se pueden considerar como *enmascaradas e involuntarias.*

g) *El análisis* al que son sometidas las respuestas debe ser fundamentalmente *cualitativo y global.*

3.2. Clasificación de las técnicas proyectivas

Aún cuando los supuestos básicos mencionados, son característicos de las técnicas proyectivas, no se puede hablar de un grupo homogéneo de procedimientos. Existen una gran variedad de pruebas y materiales con consignas muy diversas (asociación, interpretación, manipulación, elección). Por este motivo, son múltiples las clasificaciones, las cuales obedecen a criterios muy diferentes. Fernández Ballesteros (1987) las clasifica en cinco grupos:

1) *Técnicas estructurales.* Material visual de escasa estructuración que la persona ha de organizar, diciendo lo que ve o aquello a lo que se puede parecer (por ejemplo, la técnica de Rorschach).

2) *Técnicas temáticas.* Material visual con varios grados de estructuración formal de contenido humano o parahumano sobre las cuales el individuo debe narrar una historia (por ejemplo, el Test de Apercepción Temática).

3) *Técnicas expresivas.* Consigna verbal o escrita de dibujar una o varias figuras (por ejemplo, el Dibujo de la Figura Humana, de la Familia, del Árbol, etc.).

4) *Técnicas constructivas.* Material concreto que ha de organizar la persona evaluada partiendo de varias consignas (por ejemplo, Test del Pueblo).

5) *Técnicas asociativas.* Consigna verbal o escrita en la que se pide a la persona evaluada que manifieste verbalmente sus asociaciones ante palabras, frases o cuentos (por ejemplo, el Test de las Frases Incompletas, las Fábulas de Düss).

Todas estas técnicas tienen una característica en común: permitir a los individuos proyectarse en el test. Estos tipos de instrumentos, como hemos dicho, no tienen respuestas correctas o incorrectas y su formato permite expresarse de acuerdo con la propia personalidad, además de tener cabida una amplia variedad de respuestas.

3.3. Tests proyectivos más utilizados en psicopedagogía

En la Tabla 4.8 se incluyen los principales tests de carácter proyectivo utilizados en el ámbito de la psicopedagogía. De cada uno de ellos, se describen las características básicas, como el tipo de administración, las edades a las que se puede aplicar, aspectos a evaluar, materiales empleados y los tiempos necesarios para la administración de la prueba.

Taula 4.8. *Tests proyectivos*

Nombre de la prueba	Aplicación	Edades	¿Qué evalúa?	Material	Tiempo
Test del Árbol (K. Koch)	Individual	A partir de los 6 años.	Problemas del desarrollo evolutivo y adaptativo.	Texto de Koch para la interpretación. Hoja de papel. Lápiz.	Sin tiempo límite.
Test del Dibujo de la Figura Humana (K. Machover)	Individual	De los 3 a los 6 años.	La proyección de la personalidad infantil. Fundamentalmente, el sentimiento de la propia identidad.	Hoja de papel. Lápiz.	Sin tiempo límite.
Test del Dibujo de la Família (L. Corman)	Individual	A partir de preescolar.	La personalidad infantil: problemática de adaptación al medio familiar, complejos edípicos y rivalidad fraterna.	Texto de Corman para la interpretación. Hoja de papel. Lápiz.	Sin tiempo límite.
Test de Apercepción Temática, TAT (H. Murray)	Individual	Adolescentes y adultos.	La dimensión profunda y dinámica de la personalidad, tanto la normal como la patológica.	Juego completo de 31 láminas. Manual de aplicación. Hoja de análisis para grabar las respuestas. Papel y bolígrafo. Cronómetro.	Sin tiempo límite.
Test de Apercepción Temática Escolar, TAT-Escolar (R. Nathan y G. Mauco)	Individual	De los 7 a los 17 años.	Las actitudes del alumno en relación con su actividad escolar, los profesores y los compañeros.	Manual de instrucciones. Tres láminas. Papel y bolígrafo. Cronómetro.	Sin tiempo límite.

Tests proyectivos (continuación)

Nombre de la prueba	Aplicación	Edades	¿Qué evalúa?	Material	Tiempo
Test de Apercepción Temática para Niños-CAT (L. Bellak)	Individual	CAT-A: 3-10 años aprox. CAT-H: 11 años y adolescencia.	Problemas relacionados con la alimentación, problemas edípicos, rivalidad entre hermanos y educación higiénica y cuidado personal. Existen tres versiones: CAT-A (Animales) CAT-H (Humanos) CAT-S (Figuras suplementarias a las dos anteriores)	Manual de Bellak. Diez láminas. Hoja de protocolo y psicograma. Papel y bolígrafo. Cronómetro.	Sin tiempo límite.
Psicodiagnóstico de Rorschach (H. Rorschach)	Individual	A partir de los 5 años.	Diversos aspectos de la personalidad normal y patológica.	Diez láminas. Hojas para anotaciones. Bolígrafo. Cronómetro.	Sin tiempo límite.
Test de Relaciones Objetales, TRUETRO (H. Phillipson)	Individual	A partir de los 11 años.	Las principales variables dinámicas de la personalidad mediante un procedimiento de tipo aperceptivo-temático.	Manual. Trece láminas. Protocolo de análisis e interpretación y guía abreviada.	Sin tiempo límite.

Tests proyectivos (continuación)

Nombre de la prueba	Aplicación	Edades	¿Qué evalúa?	Material	Tiempo
Test de Pata Negra (L. Corman)	Individual	Niños.	La problemática esencial de la personalidad infantil: miedos, afectividad, relaciones con los padres, relaciones con los hermanos, oralidad, higiene.	Monografía (3 volúmenes). Diferentes láminas.	Sin tiempos límite.
Figura Humana de Goodenough (F. L. Goodenough y D. B. Harris)	Individual y colectiva	De los 3 a los 6 años.	La proyección de la personalidad infantil. Fundamentalmente, el sentimiento de la propia identidad.	Manual del test. Veinticuatro tarjetas. Plantilla de corrección. Hoja con espacios para la realización de dibujos y obtención de puntuaciones.	Sin tiempo límite.

4. Actividades

1) Seguidamente, se presentan los resultados obtenidos por un alumno en tres pruebas de evaluación psicométrica (WISC-R, una prueba de cálculo y la BAPAE. Clasifica el tipo de prueba según sea normativa o criterial, e interpreta las puntuaciones obtenidas por este alumno.

a) WISC-R (Escala de Inteligencia de Wechsler para Niños-Revisada)

Pruebas verbales P.T.		Pruebas manipulativas P.T.	
Información	2	Figuras incompletas	7
Semejanzas	7	Historietas	4
Aritmética	2	Cubos	6
Vocabulario	6	Rompecabezas	4
Comprensión	9	Claves	2
(Dígitos)	2	(Laberintos)	
CI Verbal: 70			
CI Manipulativo: 69			
CI Total: 66			

b) Calcular con el 95% de precisión las operaciones siguientes:

5	3	8	9	4	6	7	2	4	1
+2	+2	+2	+1	+5	+2	+3	+4	+3	+6
7	5	11	10	9	8	10	6	7	7

Nivel de ejecución (%): 90% de respuestas correctas
Grado de consecución del objetivo _____
Orientaciones _____

c) BAPAE (Batería de Aptitudes para el Aprendizaje Escolar).

Alumno	Comprensión verbal		Aptitud numérica		Aptitud perceptiva	
	P.D.	P.C.	P.D.	P.C.	P.D.	P.C.
1	12	25	14	75	39	50
2	11	20	13	65	34	30
3	14	50	12	50	39	50
4	16	70	13	65	42	65
5	8	5	9	25	29	20
6	17	80	15	85	44	80
7	13	35	10	35	37	40
8	18	90	16	90	47	90
9	13	35	9	25	34	30
10	8	5	10	35	22	10

2) Los resultados obtenidos (puntuaciones centiles) en la batería BADYG-B (Batería de Aptitudes Diferenciales y Generales) en un grupo de alumnos de segundo curso de Educación Primaria son los que aparecen en el cuadro siguiente. Fijándote en las primeras columnas de la Tabla:

	MI	IGV	IGNv	OV	ApN	Inf	AIE	AoE	RM	M	HMNv	RL	At	CVis
1	34	66	8	89	73	23	41	27	15	11	70	38	1	6
2	30	46	18	50	73	18	8	15	89	46	34	46	11	94
3	9	11	11	34	27	2	2	2	50	82	34	2	70	34
4	48	38	62	15	46	73	66	20	66	77	77	54	50	59
5	70	62	77	59	82	30	9	30	99	89	85	77	50	54
6	1	1	1	1	1	1	15	5	98	89	3	1	15	34
7	86	89	73	89	82	87	85	41	50	66	62	82	59	46
8	70	73	62	66	80	66	85	46	2	82	54	70	59	38
9	57	48	66	50	59	38	20	30	70	89	77	82	23	1
10	23	36	15	34	73	11	34	2	34	18	41	23	15	6
11	48	41	59	41	73	18	11	2	15	66	34	82	50	30
12	9	13	11	50	15	4	66	30	96	89	1	70	23	38

MI =   Madurez intelectual
IGV =   Inteligencia general verbal
IGNv =   Inteligencia general no-verbal
OV =   Órdenes verbales
ApN =   Aptitud para el cálculo
Inf =   Información
AIE =   Alteraciones escritura
ApE =   Percepción de formas

RM =   Rapidez manual
M =   Memoria
HMNv =   Habilidad mental no-verbal
RL =   Razonamiento lógico
At =   Atención-observación
CVis =   Coordinación visomotora

a) Realiza una valoración del perfil aptitudinal del grupo, teniendo en cuenta que un rendimiento aptitudinal bajo es equivalente a un PC (percentil) < 30 y que, por el contrario, un rendimiento aptitudinal alto corresponde a un PC > 70.

b) Identifica un alumno con puntuaciones predominantemente bajas en los subtests y otro con puntuaciones altas.

c) Identifica un alumno que presente discrepancias entre las puntuaciones de inteligencia general verbal y no verbal.

d) De los 12 alumnos evaluados, identifica alguno con posibles dificultades de aprendizaje y algún otro con buen pronóstico.

e) ¿Qué orientaciones para la intervención propondrías para los casos anteriores?

3) Basándote en las pautas contenidas en el libro de Font (1986), El Test de la Familia, ¿qué rasgos de personalidad destacarías en los alumnos que realizaron dichos dibujos?

Dibujo 1

Dibujo 2

Capítulo 5
Autoinformes

1. Concepto y características

El autoinforme suele definirse como un «mensaje verbal que un individuo emite sobre cualquier tipo de manifestación propia» (Fernández Ballesteros, 1992: 218). Mediante los autoinformes se obtiene información diversa sobre la experiencia y la actividad psicológica de la persona que hace referencia a diferentes momentos o situaciones de su vida. Podría decirse que es el procedimiento más antiguo de recogida de información en psicología y educación.Las principales técnicas de autoinforme son las entrevistas, los cuestionarios, los inventarios y las escalas. Sin embargo, el hecho de que sea la propia persona la que informe de su propia actividad y experiencia hace especialmente susceptible a las críticas, debido al riesgo de subjetividad.

Los autoinformes constituyen procedimientos de recogida de información muy sencillos. Son resultado de la introspección y de la autoobservación y se han utilizado como procedimientos para explorar la conducta partiendo del supuesto de que la personalidad es estable y se define como un conjunto de atributos que se manifiestan independientemente de la situación en la que aparece el comportamiento (Dueñas, 2002). La persona puede informar verbalmente sobre sus conductas motoras, fisiológicas, cognitivas o sobre la propia experiencia subjetiva, las expectativas, etc. (Bellack y Hersen, 1977).

Las manifestaciones motoras y fisiológicas pueden ser comprobadas y verificadas a través de técnicas como la observación, los registros fisiológicos o determinados aparatos especializados, tomándolas siempre como información inicial. Dado que las respuestas cognitivas son difíciles de identificar por tratarse de manifestaciones internas y encubiertas, Fernández Ballesteros (1992) sugiere tener en cuenta las siguientes consideraciones para incrementar la calidad de los autoinformes:

1) Utilizar el autoinforme de las conductas motoras o fisiológicas tan sólo como un primer procedimiento de recogida de información.

2) Considerar el autoinforme de las manifestaciones internas como datos cognitivos y no como indicadores de atributos, características o estructuras internas.

3) Contrastar la actividad cognitiva recogida con datos obtenidos a través de inventarios, auto-registros o pensamientos en voz alta, y establecer relaciones entre las tres modalidades de respuesta (motora, fisiológica y cognitiva).

4) No predecir conductas de una modalidad a partir de las respuestas obtenidas a través de otra modalidad, si no contamos con evidencia.

5) Cuando se utilicen procedimientos estándar o tests para evaluar los rasgos de la personalidad, verificar que reúnen las garantías psicométricas necesarias.

2. Tipos de variables

Las variables que pueden ser estudiadas y/o analizadas a través de los autoinformes son múltiples. Inicialmente, los autoinformes se utilizaban para recoger información sobre los atributos de la personalidad únicamente mediante manifestaciones verbales. Pero, actualmente, el uso de los autoinformes se ha extendido y, desde el enfoque conductual y cognitivo, por ejemplo, se utilizan también para conocer las conductas-problema objeto de estudio. Según Fernández Ballesteros (1992), las variables recogidas mediante autoinforme son de cuatro tipos fundamentalmente: rasgos de personalidad, estados, conductas-problema y constructos cognitivos.

a) *Rasgos, dimensiones o factores de la personalidad.* Los rasgos de la personalidad son disposiciones internas del individuo que hacen que éste se comporte habitualmente de una manera determinada, con independencia de la situación. Los tests de personalidad pueden considerarse autoinformes tipificados, puesto que permiten obtener una puntuación de estos rasgos y comparar las respuestas obtenidas de una persona con las de su grupo normativo. Como características más destacables de los autoinformes cabe destacar:

1) La conducta manifiesta es un indicador de un atributo o rasgo interno de la personalidad.
2) El contenido del autoinforme no está necesariamente en relación con la característica que evalúa; es decir, se trata de una medida indirecta de un rasgo o atributo.
3) Los ítems escogidos para construir el autoinforme han sido seleccionados mediante métodos racionales, empíricos o factoriales (Kelly, 1967).
4) El diseño de investigación utilizado ha sido un diseño intersujetos.
5) Los ítems de los autoinformes están formulados de manera general, puesto que lo más importante es conocer lo que piensa la persona de forma habitual, sin tener en cuenta la especificidad de la situación.

b) *Estados.* Son muestras de la conducta de una persona que se ponen de manifiesto ante determinadas situaciones o tareas. Reúnen las características siguientes:

1) La conducta observada se considera como una muestra de conducta referida a la situación concreta objeto de evaluación.
2) Los estados (conductas manifiestas) se refieren a una dimensión específica de la personalidad (e.g., ansiedad, agresividad, nerviosismo, etc.).
3) Estos autoinformes sirven para predecir la conducta diferencial de una persona en situaciones distintas.
4) Las situaciones a las que se refieren las conductas han sido seleccionadas en función de unos presupuestos teóricos preestablecidos, aunque este listado inicial puede modificarse para poder analizar los estados ante otras situaciones concretas.

c) *Repertorios de conducta.* Hacen referencia al informe verbal sobre la propia conducta motora, cognitiva o fisiológica, así como también de la propia experiencia subjetiva. Se trata de muestras de conducta y no de constructos intrapsíquicos. Con este tipo de autoinformes se evalúan trastornos diversos de la conducta como los miedos, la depresión, la asertividad, etc. Las características más comunes de los repertorios son:

1) Constan de una serie de comportamientos cognitivos, motores o fisiológicos que han sido seleccionados en función de la frecuencia de aparición en una determinada situación conductual.

2) Los datos de conducta obtenidos son considerados como una muestra de un tipo determinado de conducta-problema.

3) Estos comportamientos suelen estar en conexión con situaciones específicas.

   d) *Constructos cognitivos.* Se parte de la idea de que los procesos y estructuras cognitivas subyacentes a cualquier conducta pueden mediar y dar cuenta de la conducta manifiesta, así como también evocar respuestas fisiológicas. Desde este punto de vista, dichas estructuras y procesos cognitivos pueden tener un carácter explicativo de las perturbaciones motoras, fisiológicas o cognitivas observadas. Las respuestas que los sujetos dan en estos autoinformes pueden ser consideradas muestras de conducta, indicadores o signos de determinados atributos o estructuras internas de la personalidad.

Fernández Ballesteros (1992) distingue tres tipos de autoinformes dentro de este grupo:

1) *Autoinformes ligados a la percepción que el sujeto tiene de su ambiente.* Estos autoinformes están compuestos por expresiones de cómo selecciona, valora, discrimina, califica y explica el sujeto su mundo físico y su entorno social. Se incluyen aquí las *creencias, atribuciones* y capacidades *imaginativas.*

2) *Automensajes.* Son autoinstrucciones, positivas o negativas, que la persona se da a sí misma ante una situación-problema para tratar de abordarla o hacerle frente.

3) *Repertorios relacionados con la motivación.* Tienen cabida aquí las *expectativas* y los *refuerzos*, por ejemplo.

Seguidamente, se aborda el análisis de los principales tipos y clases de autoinforme, particularmente de aquéllos que son de uso más frecuente en el proceso de diagnóstico.

3. Clases de autoinformes

Determinar qué tipo de autoinforme conviene utilizar para recoger la información necesaria en los procesos de evaluación y diagnóstico es una decisión que no resulta fácil de tomar. Hay tantos tipos de autoinforme que la mejor opción tiene que venir guiada por la capacidad del instrumento para proporcionar la información de interés. Según Fernández Ballesteros (1992), los autoinformes se pueden clasificar en: (a) cuestionarios, inventarios y escalas; (b) auto-registros; (c) técnicas de pensamiento en voz alta; y (d) entrevista. De acuerdo con esta experta, el conocimiento de los rasgos y características de estas técnicas nos ayudará a tomar la decisión más adecuada.

3.1. Cuestionarios, inventarios y escalas

Todas estas técnicas de recogida de información constan de un formulario o listado de preguntas o afirmaciones sobre preferencias, comportamientos, opiniones o sentimientos ante las cuales la persona tiene que responder, generalmente por escrito, con un tipo de respuesta (a) nominal (e.g., sí-no; V-F) en el caso de los *cuestionarios*; (b) ordinal, eligiendo u ordenando los ítems según las preferencias del sujeto (*inventarios*); o (c) indicando el grado de conformidad en una escala tipo Likert o de intervalo, en el caso de las *escalas*. En la Tabla 5.1 pueden observarse, a modo de ejemplo, algunos ítems de cada una de estas técnicas.

Tabla 5.1

Ejemplos de ítems contenidos en cuestionarios, escalas e inventarios

---

Muestra de ítems contenidos en un cuestionario

Indique marcando con un aspa (X), en el espacio correspondiente, si le resultan aplicables o no las expresiones siguientes:

SÍ   NO

1. ¿Disfuta con la animación y el bullicio? ....
2. ¿Necesita tener amigos que le comprendan y le alienten? ....
3. ¿Es usted una persona preocupada? ....
4. ¿Encuentra muy duro tener que pedir favores? ....
5. ¿Piensa mucho las cosas antes de hacerlas? ....

Muestra de ítems contenidos en una escala

Rodee con un círculo el número bajo la columna que mejor exprese el grado en que le resulta aplicable cada afirmación (nada = 0; un poco = 1; bastante = 2; mucho = 3).

	Nada	Un poco	Bastante	Mucho
1. Me siento calmado	1	2	3	4
2. Me siento seguro	1	2	3	4
3. Estoy tenso	1	2	3	4
4. Estoy contrariado	1	2	3	4
5. Me siento cómodo (estoy a gusto)	1	2	3	4

Muestra de ítems contenidos en un inventario

Indique por orden de preferencia (1º, 2º, 3º...) el grado en que le atraen las profesiones siguientes:

Orden

Entrevistador ....
Diseñador de joyas ....
Guionista de cine y televisión ....
Profesor ....
Empresario ....

Fuente: Adaptado de Fernández Ballesteros (1992: 240)

Según Dueñas (2002), las características fundamentales de estos tipos de instrumentos son:

1) Su contenido hace referencia a hechos ordinarios.
2) Evalúan conductas seleccionadas previamente.
3) Son instrumentos sistematizados, tanto en las preguntas como en las respuestas.

Teniendo en cuenta la forma de estructurar las respuestas, los cuestionarios pueden clasificarse en:

a) *Cuestionarios de respuesta cerrada*. Se piden respuestas cortas del tipo sí-no. Estas respuestas exigen poco tiempo de elaboración; son relativamente objetivas y fáciles de valorar.
b) *Cuestionarios de respuesta abierta o libre*. En este caso, las respuestas son más amplias y variadas, pero también más difíciles de valorar e interpretar.
c) *Cuestionarios de elección múltiple*. Dentro de una serie de alternativas de respuestas, se solicita al individuo que señale una de las alternativas de respuesta, de forma que puedan establecerse grados de intensidad al valorar un hecho, una conducta o una situación.

En cuanto a las *escalas*, existen asimismo de diversos tipos. Casi todas utilizan la escala tipo Likert o el diferencial semántico de Osgood.

La escala Likert mide generalmente el grado de acuerdo o de desacuerdo a través de una escala graduada. Las cuestiones y opciones de respuesta pueden ser variadas en función de las necesidades.

Por ejemplo:

Para encontrar trabajo es muy importante saber idiomas

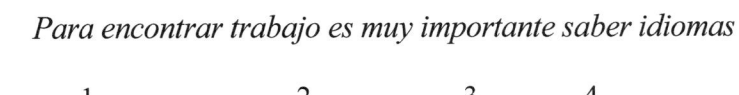

1	2	3	4	5
Muy en desacuerdo	En desacuerdo	Indeciso	De acuerdo	Muy de acuerdo

¿Con qué frecuencia te elogia tu profesor?

1	2	3	4	5
Nunca	Raramente	Algunas veces	Casi siempre	Siempre

El *diferencial semántico* está compuesto por una escala de siete puntos con pares de adjetivos. A través de esta técnica la persona expresa su actitud hacia otra persona, concepto o idea. Por ejemplo:

El profesor de ciencias es...

	-3	-2	-1	0	1	2	3	
Injusto	---	---	---	---	---	---	---	Justo
Desagradable	---	---	---	---	---	---	---	Agradable
Irresponsable	---	---	---	---	---	---	---	Responsable

3.2. Auto-registros

Los auto-registros son autoinformes que sirven para evaluar diferentes tipos de conducta del mismo individuo. En este caso, el sujeto es consciente de su conducta y la registra mediante algún procedimiento establecido. Estos tipos de instrumentos resultan especialmente indicados cuando se trata de indagar en:

- Respuestas encubiertas que ya han sido detectadas a través de otros tipos de autoinforme.
- Conductas motoras y fisiológicas.
- Conductas observables, pero íntimas (por ejemplo, ciertos comportamientos sexuales).
- No es posible la observación de la conducta por otro medio.

Para Fernández Ballesteros (1992), las características distintivas de los autoinformes son las siguientes:

- Se trata de un tipo de técnica semiestructurada, en la que el individuo registra su comportamiento sobre una hoja de papel en la que figura específicamente la conducta que ha de anotar y las condiciones en las que tiene que hacerlo. Es, por lo tanto, la propia persona quien rellena totalmente el protocolo.
- La conducta se anota generalmente en el momento de producirse, aunque puede hacerse de manera diferida.
- Es una técnica que se utiliza en situaciones naturales.

Ciminero, Nelson y Lipinski (1977) clasificaron los auto-registros en técnicas de lápiz y papel, contadores de respuesta, dispositivos de tiempo y dispositivos electrónicos. Las *técnicas de lápiz y papel* son las más frecuentemente utilizadas por su sencillez y aplicabilidad. La técnica más simple es la que sólo tiene dos unidades de tiempo (por ejemplo, días de la semana y horas del día). La persona tiene que marcar con un aspa (X) la ocurrencia de la conducta sometida a examen en un intervalo de tiempo. Los intervalos de tiempo que se eligen tienen que depender de la esperanza de ocurrencia de la conducta. Hay otros tipos de técnicas en las que, además de anotar la ocurrencia de la conducta, se tienen también en cuenta los antecedentes y los consecuentes del acontecimiento. Estos tipos de auto-registros tienen la ventaja de evaluar las condiciones ambientales que puedan estar controlando o manteniendo dicha conducta.

Los *contadores de respuesta* se caracterizan por utilizar procedimientos mecánicos para anotar la aparición de la conducta. La persona sólo tiene que pulsar un botón, cuando aparece la conducta que se quiere registrar.

De los *dispositivos de tiempo,* el más utilizado es el reloj cronómetro. Su uso puede ser múltiple. Así, por ejemplo, puede utilizarse para registrar el tiempo total dedicado al estudio de un tema o a la realización de una tarea. La persona sólo tiene que pulsar el disparador, cada vez que empieza y acaba la tarea.

En cuanto a los *dispositivos electrónicos,* tanto los magnetófonos como los vídeos son útiles para que un individuo informe, en tiempo diferido, de sus conductas.

3.3. Pensamiento en voz alta

Este tipo de autoinforme se utiliza con conductas preferentemente cognitivas para describir la estrategia que sigue una persona en la resolución de una tarea. Como características más relevantes pueden considerarse las siguientes (Fernández Ballesteros, 1992):

- Son técnicas no estructuradas.
- La verbalización ocurre justamente con la producción de la conducta.
- Los contenidos de las verbalizaciones se registran por categorías, según el análisis previo de la tarea.

Genest y Turk (1981) señalan tres de los procedimientos habitualmente utilizados para la recogida de los pensamientos en voz alta:

1) *Monólogo contínuo.* La persona evaluada tiene que verbalizar sus pensamientos o sentimientos simultáneamente a la realización de una determinada actividad o tarea, generalmente propuesta por el experimentador.

2) *Muestras de pensamiento.* El examinador muestrea, de la manera que considera pertinente, el tiempo de la sesión experimental y, en los intervalos seleccionados, solicita a la persona que verbalice (exprese) lo que piensa.

3) *Registros de sucesos.* El sujeto describe la ocurrencia de una determinada actividad interna, de interés para el experimentador.

El análisis del pensamiento en voz alta es difícil. Dicho análisis tiene que llevarse a cabo desde una perspectiva cualitativa y cuantitativa. El procedimiento más sencillo consiste en categorizar el contenido verbal según el análisis previo de la tarea.

Esta técnica es muy prometedora, pero hasta el momento no se dispone de suficientes datos empíricos que apoyen su valor. Un ejemplo de pensamiento en voz alta es el que aparece reflejado en la Tabla 5.2 para describir las estrategias utilizadas en la resolución del *Test del Marco y la Varilla.*

3.4. Entrevistas

La entrevista es una técnica de recogida de información que consiste en «un intercambio, frente a frente, entre dos personas, en el que una de ellas solicita información y la otra la proporciona» (Fernández Ballesteros, 1992: 239). Cuando la información se refiere al sujeto entrevistado, se emplea la entrevista como técnica de autoinforme. Las características de este tipo de autoinforme, así como de otras técnicas parecidas (e.g., autobiografías, historia clínica) son las siguientes:

- Se adaptan a cualquier contexto (clínico, escolar, empresarial, etc).
- Tienen un formato flexible, abierto a las eventualidades del caso.
- La participación personal del evaluador es muy importante.
- No sólo se obtiene información procedente del mensaje verbal del sujeto, sino que se recogen también muestras del comportamiento no verbal como datos sobre el lenguaje espontáneo (tiempo de reacción, interrupciones, etc.).

Tabla 5.2
Estrategias de pensamiento en voz alta utilizadas en el Test del Marco y la Varilla

- «Me baso en los lados hasta que estén verticales».
- «Sitúo la barra en relación con mi posición».
- «Me baso en mí mismo; me tomo a mí mismo como referencia».
- «Intento ponerla vertical, según como esté el cuadro».
- «Como la horizontalidad del cuadro está inclinada, entonces pienso en la habitación».
- «Me baso en los dos extremos del cuadro, el de arriba y el de bajo».

Fuente: Adaptado de Fernández Ballesteros (1992: 246)

- Sirve como guía o primer paso de la evaluación, puesto que a partir de la entrevista se obtienen los primeros datos sobre el sujeto, lo cual permite decidir qué instrumentos o pruebas serán más convenientes para profundizar y recopilar la información necesaria.
- Tiene un carácter longitudinal, dado que se utiliza a lo largo de todo el proceso de diagnóstico.

La interacción verbal directa que hay en la entrevista le confiere una serie de ventajas e inconvenientes respeto a los cuestionarios y a los inventarios. Entre las *ventajas* cabe destacar:

- Un entrevistador hábil, siempre y cuando sea capaz de establecer una relación apropiada, puede obtener información que de otro modo no habría podido obtener.
- La información obtenida es más precisa, dado que el entrevistador puede, en todo momento, pedir aclaraciones sobre las respuestas.
- En el intercambio frente a frente el entrevistador puede observar la conducta y otras respuestas no verbales que sean signo de algo no previsto y, de este modo, continuar preguntando.
- La entrevista puede llevarse a cabo con personas de todas las características y condiciones. Por ejemplo, con analfabetos o niños que no saben leer y escribir.

- La presencia del entrevistador tiende a reducir el número de no respuestas o de respuestas neutras. Además, las entrevistas tienen asegurado un alto grado de participación.

Por otro lado, las principales *limitaciones* o puntos débiles de la entrevista son:

- El coste relativamente elevado en tiempo y esfuerzo tanto por parte del entrevistador como del entrevistado, además de otros gastos asociados.
- Sesgos procedentes del entrevistador, del entrevistado, de la situación y de la misma relación que puedan afectar a la calidad de la información recogida. Uno de los principales sesgos es la subjetividad que puede incidir, sobre todo, en la manera de registrar y de interpretar las respuestas.

3.4.1. Tipos de entrevistas

Aun cuando son diversos los criterios que se pueden utilizar para clasificar las entrevistas (por ejemplo, objetivos de la entrevista, la finalidad o propósito) (Dueñas, 2002), uno de los criterios más utilizados es el grado de estructuración de la entrevista (Schmidt y Kessler, 1976). Desde esta perspectiva se puede hablar de tres tipos de entrevistas: entrevista estructurada, semiestructurada y no estructurada.

En *la entrevista estructurada*, la persona entrevistada elige su respuesta de entre varias opciones de respuesta previamente establecidas. Es decir, las preguntas son cerradas.

En *la entrevista semiestructurada,* no se presentan las opciones de respuesta. Por el contrario, la pregunta es abierta para posibilitar respuestas diversas. En estos casos, se preparan una serie de preguntas que sirven como guía de la entrevista. Este tipo de entrevista es la más habitual en el campo educativo.

Por último, en *la entrevista no estructurada*, las preguntas son abiertas y muy generales. El entrevistador tiene un objetivo y hace preguntas con este objetivo en mente, pero puede variar las preguntas en función de las respuestas de los sujetos. Este tipo de entrevista es difícil de manejar. Requiere mucha formación, experiencia y es altamente subjetiva.

3.4.2. Efectos del entrevistador

En la situación de entrevista, es recomendable que el entrevistador actúe como una persona neutral. El entrevistador debe tratar de no influir en los resultados de la entrevista. Su misión es hacer posible que la persona revele información que de otro modo no hubiera sido posible obtener. Sin embargo, debido a la naturaleza de esta técnica (el contacto frente a frente), la entrevista presenta algunas fuentes de error que es necesario tener presentes para tratar de evitarlas.

1) La influencia del entrevistador en un sentido o en otro.
2) La contaminación de la información por el hecho de que el entrevistador conozca otras facetas del sujeto y se deje influir por ellas.
3) Ciertas características del entrevistador pueden influir en los resultados, especialmente algunos aspectos sociodemográficos como la edad, el estatus socioeconómico, la raza o el género.
4) La forma en que la entrevista es conducida. Es importante que el entrevistador sea agradable, amistoso y se muestre relajado. Una breve charla al principio favorece esta dinámica agradable.
5) La forma en la que el entrevistador registre las respuestas también puede afectar a los resultados. Se puede utilizar un magnetófono durante la entrevista, aún a pesar de que, a veces, la presencia de ese artefacto puede inhibir las respuestas del entrevistado. Otro procedimiento sería esperar a que acabe la entrevista para tomar notas o hacer un resumen de lo que se ha dicho (con el riesgo de que se olviden parte de los contenidos de la entrevista).

4. Consideraciones sobre el uso de los autoinformes

Es prácticamente imposible hablar de fiabilidad y de validez en sentido estricto al referirnos a los autoinformes. Los autoinformes pueden diferir unos de otros en muchísimas aspectos, lo cual hace más difícil referirnos a estas propiedades psicométricas. En general, los autoinformes difieren en:

- La variable que evalúan.
- El tipo de operación mental que exigen al individuo.
- El tipo de elaboración o de inferencia que se haga a partir de las respuestas.
- El tipo de preguntas que contengan.
- El tipo de respuestas que exijan.

No obstante lo anterior, las fuentes de error que aquí trataremos son comunes y aplicables a todos ellos. La mayoría de las medidas no cognitivas son susceptibles de *distorsiones de la respuesta* (también denominadas tendencias de respuesta o estilos de respuesta). Esta tendencia consiste en responder en un sentido determinado, independientemente del contenido de los ítems. Las principales fuentes de distorsión de la respuesta son:

1) *Simulación.* Es el deseo deliberado, por parte del sujeto, de falsear las respuestas. Este tipo de distorsión ha recibido también otros nombres como *falseamiento, deshonestidad, engaño* o, por el contrario, *sinceridad.* La simulación puede ser controlada estableciendo un buen clima y una adecuada motivación, así como utilizando formatos que fuercen la elección de determinadas respuestas. En algunos tests de personalidad, como el MMPI (Inventario Multifacético de Personalidad de Minnessota) o el EPI (Inventario de Personalidad de Eysenck), se incluyen ítems para detectar la conducta mentirosa.

2) *Deseabilidad social.* Es la tendencia a responder a los ítems en un sentido socialmente aceptado y no según lo que se piensa o cree. Por esta razón, a la hora de construir los instrumentos es conveniente el uso de técnicas que reduzcan la probabilidad de responder de una determinada manera, como por ejemplo forzar la elección de respuesta, incorporar aproximadamente el mismo número de ítems positivos que de ítems negativos, alternar los adjetivos positivos y negativos en la misma columna y, lo que es muy importante, asegurar el anonimato y la motivación.

3) *Tendencias de respuesta.* Los autoinformes difieren según los formatos de respuesta elegida. Así, según que la respuesta sea categórica (sí-no; V-F) o se utilicen escalas, se puede hablar de dos tipos de errores:

- Asentimiento o aquiescencia. Tendencia a responder afirmativamente (sí; verdadero) a las preguntas formuladas.
- Errores escalares. Tendencia involuntaria a responder en el centro de la escala, con lo cual no se eligen los extremos de la escala que implican siempre elecciones favorables o desfavorables. O, en cambio, a responder en los extremos de las escalas.

Pese a estas limitaciones, los autoinformes son instrumentos muy útiles para el evaluador. Nos permiten adentrarnos en los pensamientos y procesos cognitivos de una persona, obteniendo información que no sería posible recoger de ninguna otra manera.

5. Actividades

1) Identifica algún alumno con NEE (necesidades educativas especiales) y observa su comportamiento. Cumplimenta los siguientes cuestionarios y/o formularios antes de solicitar una evaluación formal indicando qué aspectos eliminarías y qué otros añadirías.

Formulario de derivación

Apellidos y nombre:
Edad y fecha de nacimiento:
Fecha de derivación:
Curso:
Profesor:
Nombre de los padres:
Dirección:
Teléfono:

Responda, por favor, a las siguientes preguntas utilizando términos precisos y observables

¿Cuál es el problema?

¿Qué medidas de las tomadas en relación con el alumno, los profesores o el contexto han dado algún resultado?

¿Cuál es el nivel actual de competencia curricular del alumno?

¿Cómo es su conducta personal y/o social?

¿Ha contactado con los padres? Sí /No ¿Por qué no?

Comentarios adicionales

Formulario para evaluar el nivel de competencia curricular

Apellidos y nombre:
Edad y fecha de nacimiento:
Fecha de derivación:
Curso:
Profesor:
Nombre de los padres:
Dirección:
Teléfono:

Matemáticas

Lectura

Escritura

Otras materias o dominios (*especificar*: _____)

¿Se observa alguna limitación física o comportamental en el alumno?

Motivos de derivación

Indique sus puntos fuertes y débiles

¿Qué ha hecho usted para poner remedio a la situación?

¿Han sido informados los padres?

¿Cómo han reaccionado?

¿Ha hablado con el alumno de los problemas? ¿Cuál ha sido su reacción?

¿Qué percepción tiene el chico/a del problema?

¿Existe algún motivo en su historia académica que pueda explicar la situación?

Ejemplos de escalas de estimación del nivel de competencia curricular

---

Apellidos y nombre:
Curso:
Profesor:

Lectura

    1.   El alumno tiene problemas para comprender lo que lee.
    2.   Se pierde cuando lee en voz alta.
    3.   ...
    4.   ...

Escritura

    1.   ....
    2.   ....
    3.   ....
    4.   ....

Cálculo

    1.   ....
    2.   ....
    3.   ....
    4.   ....

Lenguaje oral

    1.   .....
    2.   ....
    3.   ....
    4.   ....

Comportamiento en clase

    1.   Es impulsivo.
    2.   Se distrae con facilidad.
    3.   Se lleva bien/mal con sus compañeros.
    4.   Acaba el trabajo.
    5.   Atiende.
    6.   Coopera con los otros.

---

2) Rellena el Inventario Ecológico del Aula y comenta los aspectos de mayor interés.

INVENTARIO ECOLÓGICO DEL AULA

Profesor:
Curso:
Alumno/a:
Fecha:
Número de alumnos en clase:

AMBIENTE DEL AULA (*Rodee con un círculo la respuesta que proceda*)

    1. ¿Existe espacio suficiente en el aula para el trabajo en grupo?   Sí   No

    2. ¿Los alumnos trabajan la mayor parte del tiempo en pequeño grupo?   Sí   No

    3. ¿Los alumnos trabajan la mayor parte del tiempo en gran grupo o
       individualmente?   Sí   No

    4. ¿Hay ordenadores disponibles en el aula?   Sí   No

    5. ¿Dónde está colocado habitualmente el pupitre del alumno?
       (e.g., delante, detrás, lejos de otros alumnos, etc.) _____

    6. ¿Cuánto movimiento o actividad es tolerado por el profesor?   Poco Regular Mucho

    7. ¿Cuánto se permite charlar a los alumnos?   Poco Regular Mucho

    8. ¿Utiliza el profesor las alabanzas?   Poco Regular Mucho

    9. ¿Las materias se enseñan a todo el grupo o en grupos pequeños? TG Pequeño grupo

    10. Durante la observación, ¿dónde estuvo la mayoría del tiempo el profesor? (e.g., en la
pizarra, en la mesa del profesor, en la mesa del alumno) _____

    11. ¿Qué métodos de enseñanza observó que puso en práctica? _____
_____

    12. ¿Cómo interactuaba el profesor con los alumnos que mostraban un rendimiento
inferior o más lento que los demás compañeros?_____

NORMAS DE CLASE

    1. ¿Hay establecidas unas normas para el funcionamiento de la clase? (Sí o No)

    2. ¿Cómo se comunican a los alumnos? (e.g., verbalmente, por escrito)

    3. ¿Qué ocurre cuando una norma se rompe?

    4. ¿Quién hace cumplir las normas? (maestro, alumnos, etc.)

COMPORTAMIENTO DEL PROFESOR

    1. ¿Asigna deberes para casa? (Sí o No)

    2. ¿Qué cantidad?

    3. ¿De qué tipo?

INVENTARIO ECOLÓGICO DEL AULA (continuación)

Valore utilizando una escala de tres puntos (1 = *Nunca*, 2 = *A veces*, 3 = *A menudo*) la frecuencia de ocurrencia de las siguientes conductas en clase:

1. Actividades en clase

   a) Se asignan actividades para los alumnos: N   AV   AM

   - que son iguales para todos   1   2   3
   - que difieren en cantidad o tipo   1   2   3
   - que son para completar en un tiempo determinado   1   2   3
   - que, si no se terminan en clase, se asignan para casa 1   2   3

   b) Evaluación de las actividades:

   - evaluación del profesor   1   2   3
   - auto-evaluación del alumno   1   2   3
   - evaluación de los compañeros   1   2   3

   c) Las notas son:

   - puntuaciones (e.g., 7,5)   1   2   3
   - calificaciones (e.g., notable)   1   2   3
   - las dos   1   2   3

2. Refuerzos académicos / sociales

   a.   ¿Qué tipos de refuerzos se utilizan en clase?
        _____

   b.   ¿Qué tipos de castigos se utilizan en el aula?
        _____

3. ¿Qué peso en porcentaje tiene cada uno de los siguientes componentes en la nota global? *(El porcentaje total ha de ser igual al 100%).*

   - Deberes para casa _____
   - Trabajo en clase _____
   - Exámenes _____
   - Participación e implicación en las actividades de clase _____

4. Haga un listado de los contenidos conceptuales, procedimientales y actitudinales que han sido enseñadas desde el comienzo del curso.
   _____
   _____

Fuente: Fuchs, Fernstrom, Scott, Fuchs y Vandermeer (1994)

3) Diseña el contenido de una entrevista inicial con los padres de un alumno con problemas de conducta (e.g., falta de respeto y comportamiento violento hacia sus compañeros).

Capítulo 6
La observación

1. Concepto

La observación se basa en la capacidad de percepción y de decisión del ser humano. Con qué objetivos se aplican estas capacidades e, incluso, cómo se aplican permitirá diferenciar la observación ordinaria de la científica (observación como fuente de datos objetivos). La observación suele definirse como un método de obtención de conocimiento que trata de penetrar en los fenómenos humanos sin modificarlos, aspecto éste que la diferencia de la experimentación en la que hay una intención explícita de provocar el fenómeno que se quiere analizar. La observación, en este sentido, implica desarrollar "una conducta deliberada del observador (frente a la observación cotidiana y casual), cuyos objetivos van en la línea de recoger datos para poder formular o verificar hipótesis" (Fernández Ballesteros, 1992: 137).

La observación puede ser entendida como *método* de obtención de conocimiento y como *técnica* de recogida de datos. En el primer caso, la observación tiene entidad suficiente en sí misma como para proporcionar conocimiento científico; es decir, un conocimiento objetivo, replicable, fiable y válido, a partir del que se puede analizar la conducta, no sólo describiéndola, sino también explicándola para establecer relaciones de causalidad (Boudon, 1967). Cuando consideramos la observación como *técnica*, estamos refiriéndonos a una estrategia subordinada a un diseño de investigación concreto (Dueñas, 2002). En este sentido, la observación se entiende como una técnica de recogida de datos que únicamente aporta información complementaria a otras formas de recogida de información (Anguera, 1989). Actuando como técnica, la observación sencillamente ha de adecuarse a los objetivos generales de la investigación y cumplir ciertos requisitos de rigor.

En el ámbito del diagnóstico, la observación se emplea fundamentalmente como técnica de recogida de datos, siendo la técnica más adecuada cuando el objeto es el análisis de la conducta en situaciones diarias. Pero, además, también se utiliza para comprobar si se han producido los cambios de conducta esperados como resultado de una intervención.

La observación es una de las formas más simples de aproximación al conocimiento de la realidad y resulta una técnica muy valiosa cuando el objetivo es recoger información sobre las conductas de los alumnos, especialmente de aquellas que son difícilmente evaluables a través de otros instrumentos o técnicas de medición.

Diríamos, pues, que, en el ámbito del diagnóstico, la observación suele considerarse como un procedimiento básico, intencionado y sistemático de recogida de información, de forma que mediante el registro de las conductas objeto de interés, de su codificación y de su análisis nos proporciona datos significativos del alumno en evaluación.

2. Características de la observación

Para que la observación pueda ser considerada como una técnica sistemática de recogida de datos tiene que reunir ciertas cualidades o características; es decir, tiene que tener:

1) *Carácter procesual*. La observación sigue un proceso planificado y gradual que hace posible obtener datos de un sujeto mientras realiza una actividad, prueba o test.
2) *Carácter intencional*. La observación tiene que ser una actividad deliberada, guiada por un objetivo.
3) *Carácter sistemático*. La observación tiene que planificarse con anterioridad. Es decir, se tiene que determinar con antelación qué es lo que se va a observar, a quién observar, cómo, cuándo y dónde observar, así como también la forma en que se analizarán los datos (Evertson y Green, 1989).
4) *Carácter acumulativo*. La observación permite unir unos datos o resultados con otros tomados en diferentes momentos y analizar los cambios y/o variaciones entre las sucesivas observaciones.
5) *Carácter objetivo*. La observación no tiene que depender del observador, el cual debe ser objetivo e imparcial. De ahí que para conseguir ciertos márgenes de objetividad se haya de eliminar cualquier fuente de sesgo procedente del observador.

Aquello que se observa tiene que ser registrado y analizado, lo cual implica utilizar técnicas adecuadas de grabación, análisis y valoración de datos. Además, el observador tiene que tener experiencia y poseer una serie de cualidades, como por ejemplo objetividad, sensibilidad, agudeza y capacidad de percepción.

3. Funciones de la observación

Las funciones que la observación conductual tiene dentro de los procesos de evaluación son, según Sattler (1996), las siguientes:

1) Proporcionar una imagen de la conducta espontánea de la persona observada en ambientes naturales (aula, comedor, patio, familia).
2) Proporcionar un registro sistemático de los comportamientos que puede ser utilizado para valorar los efectos de las intervenciones.
3) Verificar la precisión de los informes sobre el alumno proporcionados por los padres y/o profesores.
4) Informar sobre la conducta interpersonal y el estilo de aprendizaje.
5) Comparar la conducta en situación de prueba y en ambientes naturales.
6) Apoyar y dar soporte a los datos obtenidos mediante otro tipo de pruebas (e.g., tests psicométricos) y ampliar la información para obtener un mejor conocimiento de la conducta de la persona evaluada y poder orientarla mejor.

La observación es muy útil para analizar el comportamiento de los niños pequeños y de los alumnos con trastornos graves en el desarrollo con los que sería difícil utilizar otros tipos de procedimientos y técnicas de evaluación.

4. Observación de baja y de alta inferencia

Una cuestión importante a la hora de efectuar una observación es conocer el grado en que el observador hará inferencias o juicios de valor sobre el comportamiento observado (McMillan, 1996). Aunque la observación exige siempre inferir en alguna medida, el grado de inferencia puede variar considerablemente de unas situaciones de observación a otras. Atendiendo al grado de inferencia, nos encontramos que, en un extremo se sitúa la observación de *baja inferencia*, en la que el observador registra la presencia-ausencia de determinadas conductas específicas previamente identificadas. En este tipo de observación, el observador no ha de interpretar, simplemente registrar la ocurrencia de la conducta (e.g., si el alumno está ocupado en las tareas, fuera de su sitio o molestando a los demás compañeros). La inferencia se hace tras haber recogido e interpretado todos los datos de interés para poder emitir un juicio sobre la situación o el problema.

En el otro extremo del continuo, se sitúan las observaciones que requieren que el observador emita un juicio de valor de cada una de las conductas observadas y una interpretación. La observación se denomina de *alta inferencia* porque exige observar conductas relevantes con respecto a un objetivo y hacer inferencias sobre su significado en el momento de la observación.

> "Los observadores cumplimentaron una escala para evaluar el ambiente físico del aula, la forma de actuar del profesor y su habilidad para manejar el aula, así como las relaciones interpersonales entre profesor y alumnos. Todas estas cuestiones se valoraron a través de una escala tipo Likert de 5 puntos en la que el 5 significaba conducta más favorable en sentido positivo" (Mitman, 1985, p. 151).

En estas observaciones, la competencia del observador para hacer juicios correctos es crítica. La formación de los observadores es mucho más compleja y la fiabilidad de las observaciones suele ser baja comparada con la observación de baja inferencia que suele ser alta. Una de las principales críticas a este tipo de observación es la consideración de que la enseñanza y el aprendizaje no pueden ser comprendidos mediante el registro de conductas específicas en diferido o fuera de contexto.

5. Tipos de observación

Al plantearnos el uso de la observación, tendremos que tomar algunas decisiones en virtud de los objetivos y de la naturaleza de la conducta a observar. Dos de estas decisiones, aunque no son las únicas, tienen que ver con el grado de estructuración de la situación observada y con el grado de participación del observador.

Atendiendo a la situación observada, se puede hablar de observación en situaciones artificiales y naturales. En *las situaciones artificiales o de laboratorio* se crea un ambiente específico para la observación a través de tests situacionales o juegos de rol. Generalmente, se utiliza un procedimiento altamente estructurado para registrar las conductas específicas que se han identificado antes de que el estudio comience. Se recogen observaciones de baja inferencia y las formas o procedimientos de sintetizar y de analizar la observación se especifican con antelación. El énfasis recae, por lo tanto, en la objetividad y la estandarización. Uno de los problemas potenciales en la observación de laboratorio es que las respuestas de los sujetos aparezcan sesgadas por el hecho de saberse observados, a lo cual se podría hacer frente no informando sobre el propósito de la observación, pero esto podría comportar problemas éticos.

La mayoría de los estudios observacionales en educación, sin embargo, tienen lugar en situación natural; es decir, en el lugar en que habitualmente ocurre la conducta (*observación en situaciones naturales*). La observación natural es aquella que tiene lugar en el ambiente ordinario en el que se desenvuelve el alumno, sin que se produzca ningún tipo de mediación por parte del observador para provocar el comportamiento deseado (Fernández Ballesteros, 1992).

Dentro de este tipo de observación tiene especial interés *la observación en el aula*, puesto que permite hacer un estudio contextualizado de los factores y elementos que intervienen en la situación de enseñanza y aprendizaje, así como también de otros aspectos relacionados. A la hora de llevar a cabo una observación en el aula, el observador tiene que tener en cuenta aspectos como los siguientes (Bassedas *et al.*, 1991):

- El contexto de la observación: día y hora, número de alumnos de la clase, actividad que se está realizando, etc.
- La descripción de la tarea: actividad general del grupo y cómo se estructura y organiza.
- La actitud del alumno durante la tarea: inicio, desarrollo y final.
- El análisis y evaluación del trabajo del alumno observado respecto al nivel de realización del grupo clase.
- La relación entre el alumno y el maestro.
- La relación del alumno con los compañeros.
- La interacción del alumno con el observador.

- Los comentarios del profesor y del observador en relación con el alumno observado y el grupo clase.
- La valoración global de la observación.
- Las conclusiones de la observación.
- Las orientaciones que se proporcionan al profesor para la intervención y el seguimiento.

Atendiendo al *grado de participación del observador* en la situación observada, Anguera (1978) distingue entre:

a) Observación *participante*. Exige la presencia del observador, que es quien recoge la información, siendo arte y parte de la situación observada.

b) Observación *no participante o externa*. El observador es ajeno a la situación y tiene una escasa o nula interacción con la persona que observa. Se puede decir que casi no participa en la situación que pretende observar. La observación no participante puede ser directa, si se realiza directamente en contacto con la realidad, o indirecta, si se basa en fuentes secundarias.

c) *Auto-observación*. El observador es sujeto y objeto; es decir, observa y es un elemento del conjunto observado.

6. Planificación de la observación

Las decisiones básicas a la hora de planificar el proceso de observación guardan relación con *el qué, quién, cuándo, cuánto* y *dónde* observar. El *qué* observar se resolverá a través de la elección, adaptación o creación de un *sistema de categorías*, que no es ni más ni menos que la forma de hacer operativas las variables de interés para la observación. Una vez decidido qué observar, el plan de actuación habrá de incluir una especificación de quién, cuándo, cuánto y dónde observar. En el plan de observación, es necesario garantizar la representatividad de la muestra de comportamientos a observar. Por esto, se tendrá que planificar el número de sesiones de observación y las conductas concretas a observar.

Según Anguera (1991), para que las categorías de observación sean adecuadas tienen que cumplir una serie de requisitos:

1) Tienen que ser *exhaustivas*. Toda conducta ha de estar encuadrada en una categoría o en otra.
2) Tienen que ser *excluyentes*.
3) Han de estar *ordenadas*.

Además, el número de categorías tiene que ser cuidadosamente establecido. Ni que decir tiene que el registro de la observación requiere la formulación de un sistema de abreviaturas para facilitar la tarea.

Una de las cuestiones más delicadas de la observación es *el cómo* observar; es decir, determinar qué forma de registro se adoptará y qué aspectos de la conducta se tomarán como fuente de información. Los signos de la conducta objeto de interés se miden a través de la *ocurrencia* (presencia o ausencia), la *frecuencia* (número de veces que ocurre) y de la *duración* (intervalo de tiempo entre el comienzo y el final).

A la hora de observar es necesario disponer de un *registro de observación,* dado que por delante de los ojos del observador transcurren un gran número de sucesos. La ventaja del registro es que facilita la recogida de los datos y el análisis posterior. Las técnicas de registro más habituales son:

a) *Videograbación*. Permite efectuar observaciones inaccesibles al ojo humano. Cada vez se utiliza más en educación. La categorización y transcripción de la conducta observada tiene lugar habitualmente tras la filmación.

b) *Registros narrativos*. El observador se limita a tomar nota escrita u oral (a través de un magnetófono) de lo que va ocurriendo en la situación observada.

c) *Escalas de estimación*. Estas escalas son utilizadas cuando se pretende la cuantificación o la calificación de la actividad según conductas específicas, dimensiones o atributos previamente establecidos. Las más comunes son las escalas tipo Likert.

d) *Registros de conducta*. En los registros se agrupan una serie de situaciones conductuales bien definidas que el evaluador considera relevantes al caso, pero sin pretender ser exhaustivo. El objetivo es constatar con qué ocurrencia o frecuencia aparecen dichas conductas.

e) *Códigos o sistemas de categorías*. Suponen la enumeración, descripción y agrupación en grupos o categorías de los acontecimientos conductuales o contextuales observados. Estos sistemas requieren complicadas elaboraciones, tanto a la hora de seleccionar las categorías, como a la hora de describir las conductas que se han de incluir en cada una de ellas. Por esta razón, el evaluador no suele elaborar sus propios códigos o sistemas de categorías, sino que más bien opta por los que hay disponibles.

El proceso de observación tiene que cumplir ciertas condiciones para poder obtener datos válidos y fiables. Por ello, es importante diseñar y planificar correctamente toda observación, teniendo en cuenta los aspectos siguientes:

1) Definir el objetivo de la observación y seleccionar con precisión los aspectos que interesa observar.
2) Adoptar una técnica de registro que se adapte al sistema de codificación.
3) Establecer una serie de categorías que representen las conductas de interés y que sean fáciles de discriminar.
4) Elegir un intervalo de duración adecuado.
5) Definir el lugar y el tiempo para la observación.
6) Perseguir la objetividad, expresando aquello que se ve, sin valoraciones personales, y separando los hechos de la interpretación.
7) Utilizar procedimientos adecuados para sistematizar y conservar los resultados.
8) Comparar los datos o resultados de la observación contrastándolos con otros datos.

Una vez finalizada la observación conviene elaborar un informe en el que consten, al menos, los elementos siguientes:

- Datos individuales de la persona observada (edad, género, características relevantes).
- Datos del contexto (dirección, fecha, lugar, hora, etc.).
- Periodo de observación, ocurrencia, duración.
- Técnica de registro observacional empleada y sistema de codificación.
- Hallazgos en relación con la conducta observada.
- Conductas adicionales a la conducta observada.
- Síntesis de resultados y pautas de intervención.

7. Fiabilidad y validez: fuentes de error en la observación

La fiabilidad y la validez de los datos procedentes de la observación son requisitos exigibles a todo proceso observacional. A través del análisis de la fiabilidad, se puede valorar el grado de precisión y objetividad de las conductas observadas, mientras que a través de la validez se trata de estar seguros del significado de estas conductas. Si bien no hay normas específicas para conseguir la fiabilidad y validez de las observaciones, ciertas medidas como, por ejemplo, contar con más de un observador y evitar toda clase de errores, contribuirá a mantener estas propiedades un poco controladas.

Algunas de las fuentes de error provienen del observador y de la persona observada, mientras que otras tienen que ver con el sistema de registro y la dificultad intrínseca de observar e interpretar el contenido de la observación.

a) *El observador*. La observación es básicamente una técnica subjetiva, porque depende del punto de vista del observador y de las interpretaciones de éste. Cuestiones como la propia experiencia, la percepción de los hechos, sus actitudes, el grado de participación en la situación, sus características personales, sus expectativas o el efecto halo (extender a toda la persona el juicio positivo o negativo de alguno de los rasgos) pueden ser fuentes de error importantes. Por esta razón, es conveniente calcular el grado de acuerdo entre observadores; es decir, conocer las veces (en porcentaje) que dos observadores han coincidido en sus observaciones (acuerdo interjueces).

b) *La persona observada*. Las personas observadas pueden modificar su conducta por el hecho de saberse observadas. Es lo que se denomina *reactividad*. Para reducir al máximo este riesgo, es conveniente utilizar observadores participantes y dispositivos ocultos, así como utilizar un período de habituación y aprovechar los ambientes naturales para recoger la información de interés.

c) *El sistema de observación*. El tipo de registro elegido, así como también el muestreo y la misma situación de observación pueden afectar a la fiabilidad y la validez de los datos. En este sentido, y con el fin de incrementar la bondad de los datos, Fernández Ballesteros (1992) recomienda:

- Definir de manera clara las conductas objeto de observación.
- Seleccionar un número reducido de categorías y signos de conducta.
- Utilizar un código estándar que tenga suficientes garantías científicas.
- Si no se utilizan códigos o escalas de observación previamente construidas, procurar que el observador tenga claro qué es lo que observará, definiendo operativamente los contenidos de la observación.

El proceso de observación requiere, generalmente, un tiempo y un esfuerzo considerable. Además, es difícil aislar lo que queremos observar, puesto que suele venir acompañado de otros comportamientos e influido por factores múltiples.

Una de las mayores *dificultades* de la observación es la interpretación. A través de la observación se describe únicamente la conducta externa y no se profundiza en las causas. De ahí que, exista el peligro de hacer inferencias poco correctas. Sin embargo, y a pesar de estas dificultades, la observación tiene unas *ventajas* que es necesario destacar (Dueñas, 2002):

1) La observación es útil para el estudio de conductas individuales y grupales que tienen una frecuencia relativamente alta y que son difícilmente evaluables con tests u otros instrumentos de medida.
2) La observación permite un conocimiento más profundo de las características de los alumnos, lo que permite ayudarles y apoyarles en sus necesidades educativas.
3) La observación hace posible la valoración del progreso de los alumnos de manera continua, desde el comienzo hasta el final de la evaluación.
4) La observación tiene un carácter complementario de la información obtenida a través de otras técnicas e instrumentos de recogida de información.

8. A modo de síntesis

Fernández Torres (1991: 29-30) resume todo lo dicho a lo largo del capítulo en tan sólo diez puntos:

1) La observación comprende las etapas siguientes:

- Definición de los objetivos.
- Observación y registro de los comportamientos observados.
- Análisis de los datos.
- Interpretación y orientaciones.

2) La observación ha de incluir indicaciones sobre la fecha, el lugar y la situación en la que se tiene que llevar a término.

3) El observador tiene que procurar ser objetivo y describir los hechos sin interpretaciones subjetivas, procurando no proyectar reacciones personales o juicios prematuros sobre el objeto de observación.

4) Con el fin de que la persona observada se manifieste de manera espontánea, el observador no tiene que hacer explícita su intención de observar.

5) Para evitar la dispersión en la observación de los datos, conviene que el observador tenga a la mano los registros de observación.

6) En cuanto a los registros, conviene recordar que:

- No se puede incluir en un mismo registro todo tipo de observaciones.
- Los registros han de estar bien categorizados y estructurados.
- Tiene que haber registros diferentes para casos diferentes.
- A veces, puede resultar útil un tipo de registro, con un apartado general y otros específicos para anotar comportamientos particulares.
- El formato de los registros es importante, puesto que tiene que facilitar al máximo el registro de los datos.
- Es necesario ser cauteloso con los datos obtenidos de la observación y conocer el uso que se hará de los mismos.

7) Las observaciones tienen que incluir un seguimiento del proceso de desarrollo del alumno y, por lo tanto, se tienen que realizar en momentos diversos.

8) Un hecho aislado sólo tiene valor cuando se le relaciona con otros datos que lo corroboran. La conducta de la persona ha de observarse en su totalidad.

9) A medida que vayan observándose los hechos, durante diferentes períodos de observación, surgirán patrones de comportamiento

estables y consistentes, con lo cual los datos acumulados permitirán una visión más real de la personalidad del alumno.

10) La finalidad de la observación es contribuir al conocimiento de la persona observada. Es un medio, no una finalidad.

Para finalizar, diremos que la observación como fuente de recogida de datos puede proporcionar un conocimiento objetivo, válido y fiable para el diagnóstico y la intervención. La observación es un proceso complejo que exige mucha experiencia, además del uso de un buen plan de observación y de una alta capacidad para la interpretación.

9. Actividades

1) Elabora un plan de observación de las siguientes conductas, teniendo en cuenta las exigencias de este proceso:

   a) Comportamiento disruptivo de un alumno en la clase de matemáticas.

   b) Análisis de la interacción de un/a alumno/a ciego en el tiempo de recreo.

2) Adapta el código de observación y registro que se te presenta a continuación, al análisis de la conducta de las situaciones *a* y *b* de la actividad anterior.

CÓDIGO DE OBSERVACIÓN Y REGISTRO DE CONDUCTAS

NOMBRE:

CURSO:

EDAD:

FECHA:

Conducta de ...	1ª Obs.	2ª Obs.	3ª Obsv.	4ª Obs.
1. HÁBITOS DE TRABAJO				
a) Ritmo de trabajo				
- Suele acabar las tareas en el tiempo previsto.				
- Trabaja con mayor rapidez que sus compañeros.				
- Generalmente es lento.				
b) Método de trabajo				
- Organiza bien el plan de trabajo.				
- Está muy obsesionado por realizar la tarea.				
- Trabaja sin ninguna previsión.				
c) Autonomía en el trabajo				
- Suele trabajar a solas.				
- Necesita que le recuerden las orientaciones constantemente				
- Copia de sus compañeros.				
d) Motivación				
- Se muestra interesado en el trabajo.				
- Trabaja porque se le obliga.				
- No le gusta lo que hace.				
2. RELACIÓN CON LOS COMPAÑEROS				
a) Adaptación al grupo				
- Es aceptado por los compañeros.				
- Interactúa con ellos sin mayores problemas.				
- Se inhibe en el grupo.				
- Es rechazado por los compañeros.				
b) Actitud en el grupo				
- Participa activamente.				
- Adopta una actitud positiva.				

Capítulo 7
Técnicas objetivas

1. Introducción

El concepto de técnicas *objetivas* ha sido utilizado generalmente para referirse a los tests o pruebas psicométricas que se basan en la objetividad en todas sus fases de corrección, puntuación y tipificación del material. Sin embargo, algunos autores (Eysenck, 1959; Hundleby, 1973; Pervin, 1978) consideran que las técnicas objetivas hacen referencia a instrumentos que miden determinadas conductas de los individuos, sin que ellos sean conscientes de lo que se pretende evaluar y puedan modificar sus respuestas voluntariamente.

Fernández Ballesteros y Calero (1992) definen este grupo de técnicas como "procedimientos de recogida de información de sucesos psicológicos observables o amplificables que, en la mayoría de los casos, no son controlables (al menos sin entrenamiento) y que se aplican mediante sofisticados aparatos (generalmente mecánicos o electrónicos) que permiten una administración, registro, puntuación y análisis objetivos sin la intervención del evaluador" (p. 184). Es decir, se trata de procedimientos de recogida de información, en situaciones estructuradas y controladas de laboratorio, mediante tareas y aparatos que requieren respuestas del sujeto no controlables voluntariamente y que permiten la cuantificación mecanizada, sin valoración previa del evaluador.

Según esta definición, las características fundamentales de estas técnicas (Fernández Ballesteros y Calero, 1992) son:

a) Instrumentación y uso de material estándar. Es necesaria la aplicación en condiciones estructuradas y de máximo control de un material estándar que administrado en situaciones de laboratorio bajo control, garantiza la objetividad en el procedimiento y, por lo tanto, la replicabilidad de los resultados. Por todo esto, las técnicas objetivas destacan por la artificialidad.

b) *El sujeto no puede modificar las respuestas según su voluntad.* La persona no controla, al menos totalmente, su respuesta, la cual se registra de manera objetiva. Sin embargo, siempre es necesaria la participación y cooperación del sujeto.

c) *Objetividad de la puntuación.* Las respuestas pueden ser registradas, codificadas y procesadas sin que medie o intervenga la opinión o criterio del evaluador.

Las técnicas objetivas están compuestas por una serie de aparatos mecánicos, eléctricos, electrónicos o tareas simples que permiten una valoración objetiva de las respuestas. Además, sirven para evaluar variables de tipo cognitivo, motor y fisiológico.

2. Técnicas objetivas y aparatos para evaluar los procesos cognitivos

Las técnicas objetivas cognitivas tienen como objetivo evaluar los procesos cognitivos considerados observables, como por ejemplo la percepción, la atención, la memoria o el aprendizaje, a través de instrumentos que posibilitan la grabación automática de las respuestas (normalmente aciertos y errores y tiempos de reacción).

Estas técnicas han tenido un peso específico muy importante en el ámbito de la psicología experimental, así como también en la evaluación psicológica aplicada, especialmente para la selección de profesionales en ámbitos que requieren habilidades cognitivas específicas como los conductores, astronautas, pilotos, controladores aéreos, etc. Acto seguido, se presentan los aparatos y las técnicas de uso más común para el estudio de los procesos cognitivos básicos: atención, percepción, memoria y aprendizaje.

2.1. Atención

La atención se puede definir como un proceso selectivo de la información (Luria, 1979). El instrumento más utilizado para medirla es el *polireactígrafo*, aparato que permite la medición automática de procesos atencionales como el *tiempo de reacción* a determinados estímulos visuales y auditivos simples, la *atención difusa* y la *atención concentrada*, entre otras.

La tarea consiste en responder a una serie de estímulos visuales o auditivos utilizando como dispositivos de respuesta los pies y las manos. La persona tiene que pulsar un botón cada vez que escucha un sonido o ve una figura o un color. Estas respuestas quedan grabadas en el aparato indicando el número de respuestas, el tiempo de respuesta, con qué mano o pie ha respondido, si la respuesta es un acierto o un error, y si hay alguna omisión.

El polireactígrafo es un instrumento que permite la utilización de varias técnicas de medida de la atención optimizando la objetividad en todas las fases de administración, medida y análisis (Fernández Ballesteros y Calero, 1992).

El estudio de la atención es de gran importancia en algunas profesiones y también en la investigación de algunas patologías que incluyen desórdenes cognitivos, por ejemplo el retraso mental o la esquizofrenia.

2.2. Percepción

La percepción se define como el proceso de selección y elaboración de los datos o estímulos recibidos por los sentidos. Los instrumentos más utilizados para evaluarla son:

a) El *taquistoscopio*. Aparato que permite la presentación de estímulos durante un tiempo muy breve (milisegundos). El individuo ha de accionar los dispositivos de respuesta (un determinado dispositivo ante un determinado estímulo).

Además de la investigación básica, algunos de los ámbitos de aplicación de los taquistoscopios son: (a) la psicología *publicitaria* en la que se utiliza para determinar el tiempo necesario para que un estímulo visual sea percibido, el tiempo necesario para leer los detalles y el tiempo necesario para recordar o recuperar el estímulo; y (b) en *la evaluación psiconeurológica*, como por ejemplo para estudiar la especialización de los hemisferios cerebrales.

b) *El cuarto oscuro*. Este artefacto fue diseñado para controlar el punto crítico de fusión eliminando todos los factores posibles que pudieran distorsionarlo. El punto crítico ocurre cuando se perciben dos puntos luminosos intermitentes como si fuera un solo punto. Este fenómeno perceptivo se suele tomar como indicador del estado de fatiga mental y de ciertos tipos de deterioro visual, cerebral, toxemia, efectos de las drogas, etc.

c) *El Test de Percepción Horizontal-Vertical*. Este test permite estudiar la influencia del marco de referencia sobre la percepción visual, así como también la relación entre la posición del cuerpo y la percepción visual. El individuo se sitúa en un cuarto oscuro en el que giran independientemente un entorno luminoso y una barra. La persona evaluada tiene que colocar esta barra en posición horizontal o vertical según se le indique.

d) *Test del Marco y la Varilla*. Al igual que el anterior, este test evalúa la percepción de la verticalidad. Consta de un marco y una varilla fluorescentes y móviles conectados a un dispositivo de grabación. El sujeto tiene que colocar verticalmente la varilla, inicialmente inclinada, dentro del marco, que también está inclinado. Se trata de conocer si la persona es capaz de percibir la verticalidad con independencia de los referentes visuales. Witkin y Berry (1975) utilizaron este instrumento para estudiar algunos rasgos de la personalidad, concretamente la dependencia e independencia de campo, estilo cognitivo en el que se encontró un paralelismo con el estilo de funcionamiento intelectual. Según estos autores, los individuos independientes de campo tendrán más capacidad de análisis, más facilidad para los procesos lógicos y matemáticos y un tipo de comportamiento claramente independiente frente a los dependientes de campo, cuyas puntuaciones indican la influencia del entorno luminoso en la percepción de la vertical (Witkin, Goodenough y Oltman, 1979).

e) *Test de las Figuras Enmascaradas*. Este test mide la capacidad de romper el campo visual. El individuo tiene que descubrir un figura simple, previamente presentada, que se encuentra enmascarada dentro de otros diseños más complejos. Esta capacidad parece tener relación con la habilidad de reestructuración cognitiva en el plano intelectual y con una mayor autonomía de las decisiones en el plano de la personalidad. Pretende, por lo tanto, evaluar también el estilo cognitivo de dependencia o independencia de campo.

2.3. Memoria

Según Luria (1979), la memoria es la impresión, retención y reproducción de las improntas de la experiencia anterior. Una de las técnicas objetivas de mayor uso para evaluarla son los *tambores de memoria*.

La tarea consiste en presentar al sujeto una serie de estímulos que tiene que reconocer (e.g., palabras aprendidas anteriormente, identificación de pares de palabras, etc.). El procedimiento consta de dos fases: una de aprendizaje y otra de recuerdo.

Este tipo de evaluación es importante para el estudio de los procesos psíquicos en la etapa infancia y de los procesos cognitivos asociados a patologías cerebrales.

2.4. Aprendizaje

El aprendizaje se entiende como "un cambio de la conducta, relativamente permanente que ocurre como resultado de la experiencia" (Fernández Ballesteros, 1983: 275). Los procedimientos que se han utilizado para evaluar este proceso cognitivo son múltiples, pero la técnica objetiva básica por antonomasia ha sido el *aprendizaje discriminativo*.

Mediante esta técnica, la persona tiene que responder a un estímulo determinado (visual o táctil), pero no a otros que también están presentes en la situación. Existen dos procedimientos básicos para hacerlo:

a) Discriminación *simultánea*: los estímulos se presentan al mismo tiempo y la persona evaluada ha de identificar el correcto entre los dos presentes.
b) Discriminación *sucesiva*: los estímulos van presentándose uno a uno y la persona va indicando si se trate o no del estímulo objeto de interés.

3. Técnicas objetivas y aparatos para medir las habilidades motoras

Las técnicas objetivas motoras evalúan generalmente los movimientos oculares, la coordinación motora y la actividad.

3.1. Movimientos oculares

Dentro de esta categoría destacan los instrumentos y/o aparatos que miden los movimientos oculares y la dilatación de las pupilas.

a) *Cámara ocular*. Este aparato permite medir y grabar los movimientos de los ojos en el electrooculograma. La tarea consiste en seguir con la mirada diferentes estímulos visuales. El registro de los movimientos oculares se hace de manera totalmente automática, pudiéndose observar mediante una cámara que refleja la actividad del cerebro.

b) *Pupilografía*. Mide el diámetro y el área de las pupilas mientras el sujeto sigue los estímulos visuales que se le presentan a través de diapositivas de control y diapositivas experimentales.

La dilatación y contracción de las pupilas es tanto una respuesta fisiológica a las variaciones en la intensidad luminosa, como una respuesta emocional.

La dilatación de la pupila denota interés o curiosidad en lo que se está observando y sugiere que el estímulo presentado tiene una carga emocional positiva que puede ser diferente según el género. Así, por ejemplo, se ha demostrado que los varones dilatan más las pupilas ante figuras femeninas que las mujeres, quienes lo hacen más ante las figuras masculinas. Asimismo, también se ha observado que los varones no suelen modificar la pupila ante una fotografía de un recién nacido o de una madre con un niño, cosa que sí suelen hacer las mujeres. También se ha podido comprobar que la dilatación y contracción de la pupila está relacionada con el sentido del gusto y del oído.

3.2. Coordinación motora

Medir la coordinación motora pasa por medir objetivamente la rapidez, la precisión y las posibilidades de organización en el espacio. Las pruebas que se pueden usar para evaluar estas aptitudes son múltiples. Entre otras, destacan los subtests de la Escala de Wechsler y el Test Terman-Merrill; sin embargo, ninguno de ellos lo hace de forma objetiva. Sí que lo hacen, en cambio, los aparatos siguientes:

a) El *torno con registro de trazado*. Este instrumento permite estudiar la coordinación bimanual y oculomotriz a través de un aparato que consta de dos mandos laterales y de un torno que se encuentra en la parte superior del aparato. La tarea consiste en traer y conducir con las dos manos el dispositivo portador de una punta metálica que se desplaza de izquierda a derecha y de delante hacia atrás.

b) El *simulador de conducción*. Este aparato consta de un volante con claxon, un freno y un embrague que el individuo ha de utilizar como claves de respuesta. La persona tiene que hacer de manera simulada un recorrido a una determinada velocidad y dar, al mismo tiempo, una serie de respuestas con las manos o con los pies ante la presentación de unas señales luminosas de diferentes colores. Este artefacto se utiliza en el ámbito de la personalidad para medir el punto de "estabilidad emocional" y en el campo de la selección profesional para evaluar las habilidades de conducción.

3.3. Medidas de actividad

Las medidas de la actividad se utilizan fundamentalmente para detectar o tratar el comportamiento hiperactivo. Los aparatos más empleados son la silla vibrátil y Gabby.

a) La *silla vibrátil*. Se trata, como su nombre indica, de una silla en la que se sienta una persona, de forma tal que ante cualquier movimiento que le haga desviar el cuerpo de la vertical, el movimiento queda registrado y grabado. Este aparato puede emplearse como estrategia para modelar la conducta, dado que el sonido que resulta del movimiento del cuerpo desplazado actúa como retroalimentación para la persona. También se utiliza para evaluar la eficacia de determinados tratamientos farmacológicos. Simplemente, se ha de establecer una línea base de la actividad antes y después de la intervención.

b) *Gabby*. Es un aparato que tiene apariencia de muñeco, sin identificación o sexo. La persona evaluada únicamente ha de establecer una relación con él mientras el psicólogo la observa, sin ser visto, y habla con ella a través del muñeco. La persona recibe una recompensa cuando ejecuta la conducta esperada. Ésta es una técnica basada en el modelado de la conducta y en la observación y se utiliza principalmente con niños agresivos, disfémicos, con rasgos autistas y con mutismo selectivo.

4. Técnicas objetivas psicofisiológicas

Las respuestas psicofisiológicas son respuestas del organismo no controladas y relacionadas con la conducta, procedentes del sistema somático, nervioso, endocrino o bioquímico. De las diferentes respuestas psicofisiológicas (véase Tabla 7.1), las que más interesan en el ámbito de la psicopedagogía son:

a) Las *respuestas electromiográficas* (EMG). Son resultado o expresión de la actividad eléctrica que se emite cuando se produce una contracción muscular. Esta respuesta es muy utilizada como expresión y medida del grado de relajación.

b) Las *respuestas electroencefalográficas* (EEG). Miden la actividad de la corteza cerebral. Estas respuestas son la base de la exploración neurológica clásica que se realiza mediante la colocación de electrodos en el cuero cabelludo, a través de los cuales se detectan las diferencias de potencial entre dos puntos de la superficie del cerebro. Estas respuestas son de gran utilidad para detectar patrones anormales de actividad cerebral asociados a ciertas patologías clínicas.

Existen instrumentos específicos para medir cada una de las respuestas psicofisiológicas. Sin embargo, el aparato más común es el *polireactígrafo*, instrumento mediante el cual se detectan, amplifican y se reproducen las señales procedentes de los diferentes sistemas de respuestas fisiológicas (Fernández Ballesteros y Calero, 1992). Uno de los más conocidos por su aplicación en el ámbito jurídico es el test poligráfico o detector de mentiras. Los polireactígrafos son dispositivos de medida objetivos, neutros y exactos que permiten medir una gran cantidad de respuestas fisiológicas.

5. Conclusiones

Las técnicas objetivas son un conjunto de pruebas, aparatos e instrumentos que sirven para medir con objetividad la respuesta psicofisiológica. Como su nombre indica, la objetividad es su rasgo más destacable, puesto que los individuos a la hora de responder ni son conscientes, ni pueden modificar sus respuestas voluntariamente. Aunque son técnicas de un apreciable grado de validez, uno de los problemas principales es la reactividad que su uso puede generar en los sujetos.

Tabla 7.1
Sistema clasificatorio de las respuestas psicofisiológicas

1. Respuestas del sistema somático

- Respuesta electromiográfica (EMG)
- Movimientos oculares (EOG)
- Respiración

2. Respuestas del sistema nervioso autónomo

- Sistema cardiovascular:
  - Tasa cardíaca (ECG)
  - Presión sanguínea
  - Flujo sanguíneo
- Temperatura del cuerpo
- Excitación sexual: pletismografía del pene y de la vagina
- Respuestas electrodérmicas:
  - Nivel de resistencia de la piel (SRL)
  - Nivel de conductancia de la piel (SCL)
  - Nivel del potencial de la piel (SPL)
  - Respuesta de la resistencia de la piel (SRR)
  - Respuesta de la conductancia de la piel (SCR)
  - Respuesta del potencial de la piel (SPR)
- Respuesta pupilográfica
- Respuestas gastrointestinales
- Salivación

3. Respuestas del sistema nervioso central

- Respuestas electroencefalográficas (EEG)
- Respuestas evocadas

4. Respuestas del sistema endocrino y bioquímico

Fuente: Carrobles (1981)

Por otro lado, tanto la situación como la gran variabilidad de las diferencias individuales en los patrones de respuesta (que son altamente específicos) impiden generalizar los datos procedentes de estos registros a las situaciones de la vida real. Por lo tanto, estas respuestas siempre tienen que ser tomadas como muestra de conducta, no como signo de ciertos rasgos o características internas.

Finalmente, otro aspecto a tener en cuenta es que el coste de los aparatos hace difícil, si no imposible, usarlos en la práctica cotidiana, especialmente en el campo del diagnóstico psicopedagógico.

6. Actividades

1) Relaciona las siguientes variables con las técnicas de evaluación que se utilizan para medirlas:

Percepción	Electrocardiograma
Dilatación de la pupila	Silla vibrátil
Memoria	Tambor de memoria
Atención	Simulador de conducción
Actividad	Taquistoscopio
Coordinación motora	Polireactígrafo
Tasa cardiaca	Electroencefalograma
Actividad cerebral	Pupilógrafo

2) Reflexiona sobre las objeciones y/o cuestiones éticas que se pueden plantear con el uso de las técnicas objetivas e indica cuáles de dichas técnicas pueden resultar más preocupantes en el ámbito de la evaluación psicopedagógica ¿En qué casos consideras justificado su uso?

Capítulo 8
Pruebas hechas por el profesor

1. Introducción

Además de las técnicas de evaluación mencionadas en los capítulos anteriores, algunas de las cuales pueden ser utilizadas tanto por los orientadores como por los profesores, estos últimos se encuentran habitualmente con la necesidad de elaborar sus propias pruebas para medir el resultado de los aprendizajes. Estas pruebas suelen ser elaboradas *ad hoc*, según las características del grupo, los objetivos y la naturaleza de los contenidos, así como también de la metodología empleada en el proceso de enseñanza-aprendizaje.

Las pruebas elaboradas por el profesor se pueden definir como instrumentos que permiten medir los conocimientos y habilidades de los alumnos. Son instrumentos auxiliares de los docentes. Mediante su aplicación se comprueba el grado de logro de los aprendizajes, el cual se verá reflejado en unas calificaciones. La finalidad de estas pruebas es la siguiente:

- Medir el progreso individual en una escala relativa respecto al resto de los compañeros del grupo y en relación con el logro de unos objetivos.
- Servir de diagnóstico; es decir, tras el proceso de enseñanza-aprendizaje, identificar los objetivos no conseguidos o parcialmente conseguidos y determinar los cambios oportunos para su logro, realizando las adaptaciones pertinentes.
- Contribuir al aprendizaje, a partir del proceso de *feedback* que proporciona la evaluación. Cuando el alumno recibe la prueba corregida aprende de sus propios errores.
- Evaluar la eficacia y eficiencia del profesor.

Dadas las dificultades que habitualmente encuentran los profesores para diseñar pruebas fiables y válidas, es recomendable que éstas sigan un proceso riguroso de elaboración. Para asegurar que estas características estén presentes, no hay que olvidar que estas pruebas tienen que ser en la medida de lo posible:

1) *Objetivas*. No deben dar pie a la subjetividad en la respuesta.
2) *Unívocas*. Las cuestiones tienen que tener una sola respuesta.
3) *Inequívocas*. Las instrucciones han de utilizar un lenguaje claro y preciso.
4) *Adaptadas*. Los contenidos han de estar relacionados con el programa, los métodos y la capacidad de los alumnos.
5) *Suficiente*. El número de ítems o preguntas tiene que venir determinado por la amplitud de los contenidos temáticos.
6) *Económicas*. Tienen que ser de resolución breve y de fácil revisión.

Dos de los principales problemas con los que se encuentra el profesor a la hora de elaborar este tipo de pruebas es decidir (1) qué tipo de instrumento o técnica resultará más adecuado, teniendo en cuenta los objetivos de la evaluación; y (2) cómo construirla. Las posibilidades son casi infinitas, puesto que son muchas las combinaciones posibles. A lo largo del capítulo, se analizarán diversas pruebas de este tipo y nos detendremos en considerar algunas de las recomendaciones y orientaciones que deben observarse y tener presente a la hora de diseñarlas.

2. Clasificación de las pruebas hechas por el profesor

Las pruebas elaboradas por los profesores se pueden dividir en dos grandes grupos: pruebas de respuesta abierta y pruebas de respuesta cerrada. En las *pruebas de respuesta abierta o de desarrollo*, el alumno responde con entera libertad un tema propuesto decidiendo por sí mismo cómo va a organizar la respuesta y eligiendo las palabras que va a utilizar. La composición o el ensayo serían ejemplos de pruebas de respuesta abierta. Como cualquier otro tipo de prueba, los ítems de respuesta abierta tienen una serie de ventajas e inconvenientes que hay que valorar (Sax, 1997).

En primer lugar, las pruebas de desarrollo ofrecen al alumno libertad total para elaborar y responder a lo que se le pregunta de una manera poco convencional y sin posibilidades de adivinación. En segundo lugar, estas pruebas resultan de mucha utilidad cuando se tiene un grupo reducido de alumnos y se dispone de tiempo suficiente para valorarlas adecuadamente. Por lo general, suelen ser cortas, ya que incluyen un número reducido de ítems. Uno de sus principales limitaciones es la dificultad que encierra su corrección y puntuación, limitación se puede solucionar redactando preguntas de respuesta más corta y aumentando, por consiguiente, el número de ítems que abarcarán una muestra más amplia de contenidos. De este modo, se facilita también la puntuación de las preguntas o ítems. En cualquier caso, que la corrección sea más o menos fácil dependerá de la habilidad del alumno para organizar y expresar sus ideas, cosa que no resulta nada fácil.

Según el objetivo de la pregunta y el contenido que se pretenda evaluar, o ítems podrían ser de los siguientes tipos (Sax, 1997):

1) *De conocimiento*:

   a) Define el concepto de...
   b) Enumera las características de...
   c) Sitúa en un mapa los ...
   d) Ordena por densidad de población las ...

2) *De comprensión:*

   a) Explica el significado de...
   b) Describe el principio de...
   c) Pon un ejemplo de...
   d) Interpreta el significado de...

3) *De aplicación:*

   a) Resuelve el problema siguiente...
   b) Aclara el significado de...
   c) Demuestra cómo...
   d) Pon un ejemplo de...

4) *De análisis:*

   a) Compara... con...
   b) ¿Cuáles son las causas de...?
   c) Justifica la creencia de ...
   d) ¿Cuáles son las diferencias entre... y...?

5) *De síntesis*:

   a) Formula una hipótesis para explicar...
   b) Propón alguna solución para...
   c) Diseña un plan para...
   d) Describe un final o desenlace para la historia de...

6) *De evaluación*:

   a) ¿Cuáles son los puntos fuertes y débiles de...?
   b) ¿Cuál es el valor de...?
   c) ¿Cuáles son las limitaciones de...?

Las *pruebas de respuesta cerrada* se caracterizan por su brevedad. Las alternativas de respuesta o bien le vienen dadas al alumno, o bien éste responde con una o unas pocas palabras. Los ítems de estas pruebas son de naturaleza múltiple:

1) *De respuesta breve/corta*. Son preguntas que se formulan al alumno de forma directa para que responda brevemente con una o varias palabras.

   Ejemplo:

   a) ¿Qué sabio es considerado el padre de la genética?_____
   b) ¿Cómo estaba el tiempo cuando Juan y Pepe emprendieron el vuelo en avioneta? _____

2) *De complementación o rellenado de espacios*. Se elabora un enunciado y se deja una palabra o frase fuera de él para que el alumno rellene el espacio vacío con la palabra o frase más adecuada.

   Ejemplo:

   La Guerra Civil española empezó en el año _____

3) *De opción o elección múltiple*. Consisten en la presentación de preguntas o enunciados que van acompañados de tres, cuatro o cinco opciones de respuestas probables, donde la respuesta correcta tiene un alto grado de objetividad. Algunos autores (Haladyna y Downing,

1993; Trevisan, Sax y Michael, 1994) consideran que tres o cuatro alternativas de respuesta son suficientes y que es más recomendable construir pruebas con tres alternativas y un número considerable de ítems que más alternativas de respuesta y menos ítems. Hay que tener en cuenta que el número de ítems y el número de opciones de respuesta afectará a la fiabilidad de la prueba.

Ejemplo:

¿Qué parte morfológica de la oración es la palabra marcada en cursiva en la frase siguiente: "Juan *jugó* a la pelota"?

a) Nombre
b) Verbo
c) Adjetivo

4) *De correspondencia o emparejamiento.* Constan de dos bloques de información (o series) sobre un mismo contenido, de manera tal que un bloque corresponde a las *bases* y otro a las *alternativas*. Según Tenbrink (1997), mediante estas preguntas se puede medir la capacidad del alumno para asociar dos trozos de información (e.g., un nombre y una fecha, un lugar y un acontecimiento, una causa y un efecto, un concepto y una definición).

Ejemplo:

Relaciona cada autor con la obra literaria de la derecha que corresponda:

( ) Shakespeare   A . *1984*
( ) Chaucer   B. *Jude, the obscure*
( ) Orwell   C. *Crome Yellow*
( ) Hardy   D. *Hamlet*
( ) Huxley   E. *The Canterbury Talas*
( ) Joyce

5) *De selección.* Consisten en una serie de enunciados a los que los alumnos responden escogiendo de entre varias la opción de respuesta más apropiada a cada enunciado.

Ejemplo:

Sabana, estepa, desierto, monzónico, tundra, bosque mixto, selva ecuatorial

a. Veranos cálidos y secos, e inviernos suaves y lluviosos. Se cultiva la viña, cítricos, olivos y cereales._____

b. Vegetación muy escasa o nula, fauna constituida por roedores, aves de rapiña y reptiles principalmente._____

6) *De ordenación o jerarquización*. Son ítems compuestos por una serie de datos, situaciones, hechos, etc., que se presentan al alumno para que los ordene u organice. Esta ordenación puede obedecer a criterios de importancia, de valor, orden cronológico, etc.

Ejemplo:

Coloca, por orden de proximidad al Sol, la sucesión de planetas que integran el sistema solar.

Venus	1. _____
Júpiter	2. _____
Tierra	3. _____
Mercurio	4. _____
Urano	5. _____
Marte	6. _____

7) *De verdadero-falso*. Estas pruebas constan de una serie de afirmaciones, unas que son falsas y otras verdaderas, y en las que el alumno tiene que elegir una opción u otra de respuesta según esté de acuerdo o no con la afirmación. Como los ítems verdaderos son más fáciles de redactar que los falsos, predominan normalmente éstos en las pruebas. Además, los alumnos que dudan de la respuesta correcta tienden a marcarla como verdadera (Cronbach, 1950). Por esta razón, se recomienda que el número de preguntas verdaderas y falsas sea del 50%, aproximadamente. Estos tipos de pruebas no son muy aconsejables, dada la posibilidad de acertar por azar, que es de un 50%.

Ejemplo:

La Odisea es una epopeya.	V	F
La toma de la Bastilla fue el año 1790.	V	F
Pasteur descubrió la penicilina.	V	F

8) *Baterías.* Se denominan así a las pruebas que utilizan varios tipos de ítems en un mismo instrumento (e.g., respuesta corta, correspondencia, complementación, elección múltiple, etc.) con el fin de mejorar la presentación, evaluar mejor los objetivos, suplir las deficiencias del uso de un único tipo de prueba, evitar la rutina y la monotonía, así como aumentar la motivación por la novedad y la variedad.

La decisión de utilizar uno u otro formato de prueba depende de algunas cuestiones, según señala Tenbrink (1997: 314):

• Del nivel (y tipo) de resultados de aprendizaje que se miden.
• De la manera en que se utilizarán los resultados de la prueba.
• De las características de los alumnos que realizan la prueba.
• Del tiempo disponible para construirla, administrarla y puntuarla.

Dada la dificultad que entraña preparar pruebas que reúnan el rigor necesario, las consideraciones incluidas en la Tabla 8.1 pueden servir de ayuda a la hora de elegir unos u otros tipos de prueba.

Tabla 8.1
Consideraciones sobre los diferentes tipos de pruebas elaboradas por el profesor

TIPOS DE PRUEBA	NÚMERO DE CUESTIONES	RECOMENDACIONES
Respuesta breve	10-15	• Redactar las preguntas con claridad. • Sólo tiene que haber una respuesta correcta. • Evitar preguntas muy largas. • Dejar espacios para las respuestas de la misma magnitud. • Centrarse en el ámbito exclusivamente informativo de los contenidos. • Útil para evaluar aprendizajes simples.

Complementación	10-15	• El enunciado no ha de orientar gramaticalmente la elección de la respuesta. • Explorar sólo una respuesta. • Útil para evaluar aprendizajes simples.
Elección múltiple	15-20	• Todas las alternativas de respuesta tienen que guardar cierta relación con el contenido de pregunta. • El lugar de las respuestas en la prueba tiene que ser aleatorio para evitar cualquier tipo de seriación que pudiera influir en los resultados. • Se puede medir casi cualquier tipo de aprendizaje.
Correspondencia	5-12	• Los enunciados tienen que concordar en género y número con todas las alternativas de respuesta. • Todas las alternativas de respuesta tienen que tener cierta posibilidad de relación verdadera con los enunciados. • En la columna de alternativas de respuesta tienen que sobrar una o dos de ellas para evitar la respuesta por eliminación. • Se evitará sugerir las respuestas por el uso de adjetivos y artículos. • Nunca deben quedar enfrentadas las respuestas que se corresponden.
Selección	5-8	• Hay que redactar muy bien los enunciados del contenido temático que se mide.
Ordenación	5-10	• Entre los elementos a ordenar ha de existir una relación muy clara que permita enumerarlos.
Verdadero-falso	30-50	• Procurar que cada cuestión no incluya dos o más ideas para evitar la ambigüedad. • Evitar palabras de contenido absoluto (nunca, siempre, totalmente). Hay una tendencia a utilizarlas cuando la respuesta es falsa. • Enunciados cortos, concretos y claros. • Se valoran calculando los aciertos menos los errores; las omisiones no cuentan.
Baterías	Variable	• Conviene presentar entre 3 y 5 tipos de ítems en una combinación que se adapte a la materia. • Evitar construir la batería con sólo ítems que exijan el mismo tipo de respuesta.

3. Proceso de elaboración de las pruebas

Una vez se ha decidido el tipo de prueba a utilizar en la evaluación, de acuerdo con las características del grupo, los objetivos y el contenido de la materia, el profesor tendrá que seguir una serie de pasos para diseñar las pruebas con las mejores garantías de fiabilidad y validez. Veamos, a continuación, cuál es el proceso a seguir.

3.1. Extensión de la prueba

El número de ítems y su dificultad dependerán de los contenidos a evaluar. Estos contenidos han de estar debidamente seleccionados, jerarquizados y ponderados según su importancia y tendrán un peso relativo en la prueba. El procedimiento sería el siguiente:

a) Hacer una relación de los temas o contenidos que ha de cubrir la prueba.
b) Anotar el peso o porcentaje de cada contenido (la suma de estos porcentajes tendrá que ser del 100%).
c) Decidir el número de ítems de que constará la prueba.
d) Calcular el número de ítems relativo a cada dominio en función del porcentaje asignado y el número total de ítems de la prueba.

A título de ejemplo, en la Tabla 8.2, aparece la relación de los temas del programa de una asignatura con su peso específico de importancia en porcentajes, así como el número de ítems por tema que se incluirán en la prueba compuesta por un total de 80 ítems.

Tabla 8.2

Determinación del número de ítems de una prueba de evaluación final de una asignatura

Tema	Peso relativo (%)	Nº ítems por tema	Ajuste de cifras
1	6	4.8	5
2	10	8	8
3	10	8	8
4	6	4.8	5
5	10	8	8
6	10	8	8
7	20	16	16
8	10	8	8
9	8	6.4	6
10	10	8	8
	Total: 100		Total: 80

3.2. Redacción de los ítems

La redacción de los ítems constituye uno de los momentos más importantes en la elaboración de una prueba hecha por el profesor. Según el modo en que estén redactados, la dificultad para responder será mayor o menor; la prueba será más o menos válida y fiable y, en definitiva, dichos ítems contribuirán más o menos a la ambigüedad o transparencia de la misma.

Un ítem es la unidad de información en torno a la cual se pide al sujeto una respuesta. En el caso de los tests, cuestionarios o entrevistas, los ítems son preguntas. Redactar buenos ítems es una tarea difícil que requiere conocimiento sobre el tema, capacidad y práctica. A la hora de redactar los ítems conviene plantearse cuestiones como las siguientes:

1) ¿Qué se quiere preguntar?
2) ¿Qué se puede preguntar?
3) ¿Nos interesa evaluar conocimientos, habilidades, opiniones o actitudes?
4) ¿Cómo se tiene que preguntar?
5) ¿Qué tipo de respuesta se va a elegir?

Un primer paso en la redacción de los ítems será la elaboración de un *banco de ítems*. Este banco consiste en un conjunto ordenado y previamente clasificado de preguntas referentes a los contenidos de una materia o de un dominio determinado. El uso de este conjunto de ítems tiene una serie de ventajas:

- Abarca el contenido fundamental de la materia.
- Es un recurso inmediato para el profesor, cuando se dispone a elaborar la prueba.
- Evita incluir en la prueba ítems improvisados.
- Permite volver a usar, en un momento determinado, un ítem utilizado anteriormente.

Algunas recomendaciones para la redacción de los ítems son las siguientes:

1) El contenido tiene que corresponder con los objetivos de aprendizaje.
2) Se debe evitar una redacción ambigua; por lo tanto, el ítem tiene que ser claro, preciso y conciso, sin que pueda dar lugar a interpretaciones gramaticales diversas.
3) Ha de estar libre de trampas y segundas intenciones.
4) Se han de evitar claves o pistas que lleven (directamente o por eliminación) a la respuesta correcta.
5) Tiene que ser "independiente", es decir, la solución no depende de las respuestas de otros ítems.
6) Tiene que estar expresado con un vocabulario y unas formas sintácticas que los examinandos comprendan fácilmente.
7) Tiene que tener un grado de dificultad aceptable, de acuerdo con el criterio de logro del aprendizaje que se espera.
8) Ha de exigir un nivel de respuesta que permita discriminar si el objetivo de referencia se ha logrado o no.

3.3. Redacción de las instrucciones

Las instrucciones son una parte importante de la prueba. Si están bien redactadas proporcionarán al estudiante la información que éste necesita para responder de la manera que se espera, y de esa forma, obtener la respuesta que queremos obtener de él. Las instrucciones han de ir expresadas por escrito y han de colocarse delante de los ítems. La redacción tiene que ser clara, concisa y precisa.

En la práctica, los formatos de algunas pruebas son tan comunes que casi no necesitan instrucciones; pero siempre tendremos que comprobar que los estudiantes han entendido el procedimiento de respuesta.

Ejemplos de instrucciones son:

a) *Respuestas breves*: "Escribe sobre la línea de la derecha la expresión que responda correctamente a cada cuestión".
b) *Complementación*: "Escribe sobre la línea la expresión que complete correctamente las siguientes cuestiones".
c) *Elección múltiple*: "Marca con una *X* la expresión que corresponda".

3.4. Presentación de los ítems

La forma de presentación de los ítems es un factor decisivo para facilitar la respuesta de los estudiantes, especialmente cuando tienen un tiempo limitado para realizar la prueba. En un estudio llevado a cabo por Sax y Cromack (1966), se observó que (a) si se presentan los ítems de más fáciles a más difíciles, las puntuaciones son mejores que si se colocan de forma aleatoria o de más difíciles a más fáciles, y (b) la ventaja de la secuencia de más fácil a más difícil se ve más pronunciada cuando el tiempo es limitado.

Otra forma de agrupar los ítems es según el contenido. En las pruebas de rendimiento puede ser recomendable seguir un orden en la presentación de los mismos para que los estudiantes no mezclen unos contenidos con otros o los confundan.

Finalmente, si se tiene una batería con diferentes tipos de ítems, la secuencia que se tendría que seguir es: primero, las respuestas de verdadero o falso; después, las de elección múltiple; a continuación, las de correspondencia; y, en último lugar, las de desarrollo, de forma que los alumnos respondan primero a las preguntas que requieren menos elaboración y dejen para el final las que necesitan más tiempo (Sax, 1997).

3.5. Administración

Las condiciones de aplicación de una prueba pueden variar por muchas razones. Las características del alumnado, el tipo de prueba, el tiempo del que se dispone, el contenido de la materia son todas ellas características que guardan relación con los resultados. Por ello siempre son útiles unas sugerencias, cuya observancia redundará en una mejor administración de la prueba.

- Es conveniente que *el examinador* sea el profesor del grupo, así podrá aclarar cualquier duda que pueda surgir en la situación de prueba.
- Se recomienda que el *lugar* sea el aula ordinaria.
- Se recomienda realizar la prueba a *la hora* en que la fatiga es menos intensa (por ejemplo, las primeras horas de la mañana).
- El *tiempo* de realización de la prueba lo tiene que determinar el trabajo mismo de los alumnos. Con pruebas estandarizadas, se tiene que respetar el tiempo establecido.
- Es recomendable que el profesor explique el tipo de respuesta que espera, los *objetivos* y los *procedimientos* del examen.
- El examinador, con antelación, ha de informar a los alumnos de los materiales mínimos necesarios (lápiz, goma, regla, compás, etc.) para realizar la prueba.
- El profesor ha de indicar a los alumnos (a) que resuelvan las cuestiones que mejor dominan sin detenerse en las que no saben o no recuerdan, las cuales podrán resolver al final; y (b) que eviten hacer preguntas innecesarias sobre posibles respuestas a los ítems.

3.6. Calidad de la prueba

La mejor forma de que un profesor conozca si la prueba que ha elaborado es adecuada y sirve a los objetivos propuestos, es administrándola y haciendo una valoración crítica de los resultados y de los problemas que han aparecido durante su aplicación. Mediante este análisis, el profesor puede examinar la calidad de las preguntas, así como también evaluar el programa y su labor como docente. Además, el análisis ayuda a conocer el grado de dificultad que realmente presentan cada uno de los ítems en relación con la dificultad inicialmente prevista. Finalmente, permite al profesor determinar qué contenidos no han sido adquiridos por los estudiantes, favoreciendo la retroalimentación.

Una primera aproximación al análisis de la prueba seria buscar *indicadores* que pudieran avisar sobre errores en los resultados. En la Tabla 8.3 aparecen algunos de los errores más comunes, junto con los principales indicadores que nos pueden hacer sospechar de la posibilidad de error.

Tabla 8.3
Indicadores de error en las pruebas elaboradas por el profesor

Errores comunes	Indicadores
Énfasis puesto en aspectos inadecuados o irrelevantes del tema.	Desequilibrio de elementos que miden un concepto.
Ítems ambiguos.	Los alumnos se quejan: "Preguntaba cosas que no estudiamos".
	Falta de acuerdo en las respuestas de los mejores alumnos.
	Índice de discriminación negativo o bajo.
	Los alumnos se quejan: "Si se piensa de este modo, se podría contestar *a* ".
	Las preguntas son largas.
Preguntas difíciles de leer (e.g., vocabulario rebuscado, mala sintaxis, frases excesivamente complejas).	Los alumnos hacen muchas preguntas durante el test.
	Los alumnos necesitan más tiempo del que se esperaba para responder.

Fuente: Tenbrink (1997: 361)

Otra forma más exacta de analizar la calidad de la prueba sería recurrir al cálculo del *índice de discriminación* de los ítems. A través de este índice, se discrimina a los alumnos que conocen o dominan bien la información de aquellos que no lo hacen. Únicamente se tiene que calcular la diferencia entre la proporción de alumnos que dominan el contenido (grupo superior) y la de aquellos otros que no la dominan (grupo inferior). Por ejemplo, si de los 27 alumnos del grupo superior, el 100% (1) ha hecho correctamente el ítem 1 y de los 27 alumnos del grupo inferior sólo el 46% (0,46) lo han hecho, el índice de discriminación sería de $1 - 0,46 = 0,54$. Se considera un índice de discriminación satisfactorio a partir de 0,40. En el caso de obtener puntuaciones negativas, se podría decir que el grupo inferior es quien ha resuelto correctamente el ítem.

La calidad de la prueba se puede incrementar, si procede, a través del análisis del *grado de dificultad* de los ítems. Mediante este análisis se calcula para cada ítem el número de respuestas correctas y su porcentaje, con lo cual se valora el grado de dificultad real a la hora de responderlo, contrastándolo con el grado de dificultad que previamente se había previsto. Cuánto más alto sea este porcentaje, más fácil será el ítem en cuestión, dado que un número más elevado de alumnos habrá respondido correctamente a la pregunta. El ejemplo que se incluye en la Figura 8.1 ilustra el proceso de cálculo de este índice.

En ocasiones, los profesores están interesados además en analizar de una manera más precisa las características psicométricas de la prueba. En este caso, será necesario un análisis exhaustivo de la validez (fundamentalmente de contenido) y de la fiabilidad. Para hacer este análisis es necesario cierto grado de preparación y conocimientos en metodología y estadística, recursos que los profesores a veces no tienen, así como tampoco tiempo suficiente para ello.

Figura 8.1
Ejemplo de análisis del grado de dificultad de los ítems de una prueba

RESULTADOS DE LA PRUEBA

Asignatura:

Curso: _____ Grupo: _____
Número de estudiantes: _____ Número de ítems: _____

Ítem	Tabulación de respuestas correctas	Total		Grado de dificultad previsto	Grado de dificultad estimado
		f	%		
1	///// ///// ///// ///// ///// ///// ///// ///	38	70	Medio	Fácil
2	///// ///// /////	15	27	Medio	Fácil
3	///// ///// ///// ///// ///// ///// ///// //	37	70	Medio	Fácil
4	///// ///// ///// ///// ///// ///// ///// ///// ///// /////	50	90	Bajo	Muy fácil
5	///// /////	9	16	Alto	Muy difícil

4. Conclusiones

Las pruebas elaboradas por los profesores son recursos de mucho interés en el ámbito de la docencia, el diagnóstico y la orientación, así como en la investigación, puesto que aportan gran cantidad de información auténtica sobre los resultados de los procesos de enseñanza y aprendizaje. Su diseño, no es una tarea fácil. Se deben garantizar unas cualidades mínimas de validez de contenido, fiabilidad y objetividad. Por esta razón, el proceso de toma de decisiones en torno a cuestiones como las siguientes: qué queremos que demuestren los alumnos, qué tipo de prueba será más conveniente, cómo redactaremos los ítems, cuál es la calidad de estos ítems, etc., es tan importante.

Otros factores también importantes que no hay que desconsiderar son la habilidad del profesor para expresarse de manera clara y concisa, así como su experiencia e imaginación a la hora de confeccionar y diseñar este tipo de pruebas.

5. Actividades

1) En las pruebas hechas por el profesor, los ítems pueden ser de varios tipos: preguntas de conocimiento, comprensión, aplicación, análisis, síntesis y evaluación. Piensa en un tema de tu interés y redacta un par de ítems de cada tipo.
2) Diseña en grupo una prueba de evaluación (materia X) siguiendo el proceso descrito en este capítulo para este tipo de pruebas. Especifica las características del grupo, los objetivos a conseguir y, al menos, dos o tres ítems para cada objetivo.
3) Elabora un cuadro de especificaciones en el que se refleje la relación entre los objetivos y los ítems redactados para la actividad anterior.

OBJETIVOS	ÍTEMS
Objetivo 1	
Objetivo 2	
Objetivo 3	
...	

TERCERA PARTE
Interpretación de los resultados de la evaluación

Introducción

En esta tercera parte, se incluyen cuatro estudios de caso con la intención de que sirvan como documentos de trabajo para el análisis e interpretación de ejemplos prácticos de diagnóstico tomados de la vida real. El profesor, en función de los objetivos, propondrá las tareas y actividades que considere pertinentes en cada caso.

ESTUDIO DE CASO 1

Nombre y apellidos: Juan
Fecha de nacimiento: 22-10-1994
Edad: 9 años y 7 meses
Curso: 4º de Educación Primaria
Fecha del examen: 27-05-2004

1. Motivo de examen

Seguimiento de Juan, que fue evaluado en los cursos 1997-98, 98-99, 00-01 y 01-02 por el SPE (Servicio Psicopedagógico Escolar) de la zona y por el hospital de la comarca, en primera visita el 24-05-99 y en visitas posteriores sucesivas hasta la fecha. En el curso actual ha sido evaluado por el Instituto Valenciano de Neurología Pediátrica (INVANEP), el día 15-01-04. El niño tiene realizada una adaptación curricular significativa desde el curso escolar 2002-03.

2. Datos relevantes de la historia y desarrollo general

2.1. Desarrollo evolutivo y de salud

Retraso psicomotor y del habla. Juan empezó a andar sin apoyo a los 24 meses y el habla (primeras frases) aparecieron en torno a los 3 años y medio.

El alumno presenta una lesión cerebral de origen perinatal, con déficit de atención e hiperactividad, y deficiencia intelectual. Desde el primer diagnóstico hasta el día de hoy está siguiendo un tratamiento médico controlado por los especialistas.

2.2. Historia escolar

Juan fue escolarizado en Educación Infantil de 3 años detectándose ya en ese momento unas características comportamentales un tanto atípicas. En la actualidad, está recibiendo tratamiento logopédico y asiste al aula de pedagogía terapéutica del centro.

3. Pruebas aplicadas

1) Escala para la Evaluación del Déficit de Atención con Hiperactividad (TDAH).
2) Nivel actual de competencias.
3) Escala de Inteligencia para Niños-Revisada de Wechsler (WISC-R).
4) Observación sistemática del comportamiento por parte del profesor.

3.1. Resultados

Las puntuaciones de CI (cociente intelectual) obtenidas en las diferentes partes del WISC-R fueron:

CI verbal	**67**
CI manipulativo	**112**
CI Total	**87**

Se observa un desfase significativo en las puntuaciones correspondientes a los ítems de componente verbal y los de la parte manipulativa, siendo ésta considerablemente más alta. En cuanto al nivel actual de competencias en el currículum, el alumno no supera los conocimientos y habilidades básicas correspondientes a 2° curso de Educación Primaria.

Las puntuaciones obtenidas en el TDAH fueron:

	Hiperactividad	Déficit de atención	Trastorno de conducta	H + DA	H + DA + TC
Puntuación directa	13	13	16	26	42
Puntuación centil	99	99	98	99	99

H = Hiperactividad; DA = Déficit de atención; TC = Trastorno de conducta

En vista de las puntuaciones obtenidas, se concluye que Juan presenta una alteración de la conducta con déficit de atención e hiperactividad que dificulta los aprendizajes y su integración social y familiar.

4. Capacidades cognitivas y estilo de aprendizaje

4.1. Interacciones del niño en el medio escolar

Las dificultades observadas tienen que ver con los problemas de conducta, los cuales llegan a interferir en los aprendizajes básicos y en la dinámica escolar. Muy a menudo, muestra conductas disruptivas y desadaptadas. Juan no acepta las normas de clase y, debido a sus características, su atención es muy dispersa. Su madre se muestra muy colaboradora, pero no se puede contar con ella como coterapeuta.

4.2. Actitud del niño hacia los aprendizajes

Desinterés por las actividades escolares; falta de esfuerzo para hacer frente a las dificultades; necesita que se le proporcionen continuamente refuerzos. Se muestra satisfecho cuando realiza las tareas escolares correctamente.

4.3. Hábitos de trabajo

Juan tiene un ritmo de trabajo muy lento. No suele tener cuidado de los materiales y, dado que no es capaz de trabajar de manera autónoma, necesita supervisión constante. No corrige sus errores, ni planifica el trabajo.

4.4. Situaciones grupales más favorecedoras para el aprendizaje

Aprendizaje personalizado e individualizado en las materias instrumentales y aprendizaje en pequeños grupos para el resto de las materias escolares. Estas situaciones favorecerán la socialización con el grupo.

5. Conclusiones

De acuerdo con los resultados obtenidos en la evaluación y los seguimientos efectuados desde el curso 97-98 hasta el actual (2003-04), se observa que el niño continúa teniendo graves dificultades para aprender y un retraso considerable en las materias curriculares básicas. El hecho de que no domine todavía bien la lectoescritura y los conocimientos matemáticos más elementales propios de su edad, unido a su trastorno comportamental hace aconsejable, de acuerdo con la Orden de Atención a los Alumnos con Necesidades Educativas Especiales de 16 de julio de 2001 de la Conselleria de Cultura, Educación y Ciencia de la Comunidad Valenciana, prorrogar un año más su permanencia en el mismo curso. Esta decisión pensamos que contribuirá a mejorar la situación escolar del niño.

6. Recomendaciones

A parte de la prórroga de escolaridad, se aconseja, asimismo, seguimiento médico.

ESTUDIO DE CASO 2

Nombre y Apellidos: Javier
Fecha de nacimiento: 28-11-1999
Edad: 4 años y 3 meses
Curso: Educación Infantil (4 años)
Fecha de examen: 17-03-2004

1. Motivo de la evaluación

Verificar la existencia de posibles dificultades en el aprendizaje y en la psicomotricidad.

2. Datos relevantes de la historia y desarrollo general

2.1. Evolutivo-salud

Embarazo: la madre pasó la varicela en el tercer mes de embarazo.

Evolución del niño: marcha: 16 meses; palabras: 11 meses; frases: a los 24 meses todavía no decía frases. Control de esfínteres: diurno (a los 30 meses); nocturno (todavía no los controla).

2.2. Escolar

Inicia la escolaridad en el curso 2003-2004 con 4 años. Las faltas de asistencia a la escuela son frecuentes, por lo que tanto la tutora como la psicopedagoga hablan con la madre para tratar de averiguar las razones de la no asistencia a clase. La madre se excusa con su trabajo (tiene una tienda que abre por temporada) y dice no poderlo llevar ni recoger todos los días cuatro veces. Se sugiere a la madre deje al niño a comer en el comedor del centro, pero no quiere. Los días que va a clase por la mañana, ya no lo hace por la tarde. También indica la madre que el niño llora porque no quiere ir a la escuela. Cuando asiste a clase, sus compañeros lo ayudan y lo hacen participar. Está contento y no muestra rechazo hacia la escuela.

2.3. Familia-social

Los padres están separados y la madre es la encargada de cuidar al niño. Ésta no acepta las dificultades de su hijo en la escuela, ni acepta la ayuda del centro.

3. Instrumentos utilizados

1) Escala de Inteligencia para Preescolar y Primaría de Wechsler (WPSSI).
2) Escalas McCarthy de Aptitudes y Psicomotricidad para Niños (MSCA).
3) Guía Portage.
4) Nivel actual de competencias.
5) Observación del alumno.
6) Entrevista con los padres.
7) Informe del tutor.

3.1. Resultados obtenidos

Se intentó administrarle el WPSSI, pero fue imposible, por las dificultades de comprensión y atención que presentaba.

En cuanto al MSCA, los resultados obtenidos en cada una de las escalas fueron los siguientes:

Escala	Punt. ponderada	Punt. típica	Punt. centil
Verbal	13	29	1
Perceptivo-Manipulativa	8	23	-1
Numérica	6	31	3
Memoria	3	23	-1
Motricidad	6	-22	-1
Escala General Cognitiva	27	51	-1

4. Factores significativos para la propuesta curricular

4.1. Nivel actual de competencias

Javier no tiene adquiridas las competencias académicas consideradas básicas para su edad. No consigue seguir el ritmo de trabajo en la clase y el absentismo no favorece la situación.

Según los objetivos de la Guía Portage (cumplimentada por la madre), con respecto a la socialización, no presenta ninguna dificultad. En lenguaje se comunica, pero tiene dificultades en el habla. En autocuidado, necesita mucho la ayuda de alguien, situándose en los objetivos de 2-3 años. En cognición, presenta ciertas dificultades. En cuanto al aspecto motriz, su desarrollo se encuentra en los objetivos de 2-3 años.

4.2. Capacidades cognitivas y estilo de aprendizaje

En la prueba MSCA se sitúa en una edad mental de 2 años y 1 mes, presentando unas puntuaciones centiles muy bajas en todas las escalas (verbal, perceptivo-manipulativa, numérica, memoria y motricidad).

Observaciones en ambiente natural:

En las observaciones del alumno, tanto en el patio de recreo como en clase y durante la realización de las pruebas, se observa que presenta un período de atención muy corto, mirada perdida en algunos momentos, ecolalias, conductas repetitivas, dificultades de comprensión y abstracción, dificultades en motricidad gruesa y fina (no es estable cuando anda, no sabe correr ni saltar, no mantiene el equilibrio sobre un pie; además, se han observado temblores tanto de piernas como de manos).

Javier no mostró rechazo a ir con el orientador. Se muestra receptivo y colaborador, aunque se cansa rápidamente. Interactúa cuando se le preguntan cosas, aunque su respuesta no sea la correcta. Es muy tranquilo y sonríe bastantes veces.

5. Conclusiones y recomendaciones

El alumno tiene necesidades educativas especiales derivadas de una discapacidad intelectual por posible trastorno generalizado del desarrollo (pendiente de confirmar).

De acuerdo con la evaluación psicopedagógica efectuada el 17-03-04, se recomienda:

- Remisión del alumno a Neuropediatría por pensar que se pueda tratar de un Trastorno Generalizado del Desarrollo.
- Atención por parte de la profesora de Pedagogía Terapéutica y de Audición y Lenguaje durante una parte de la jornada escolar.
- Refuerzo dentro del aula durante el presente curso escolar.
- De confirmarse el diagnóstico, continuar con los apoyos de PT y AL, así como realizar adaptación curricular, dictamen de escolarización (próximo curso escolar 2004-05).

INFORME MÉDICO DEL SERVICIO DE PEDIATRÍA

Fecha del informe: 20-07-2004

1. Motivo de consulta: Retraso del desarrollo.

2. Enfermedad actual. Niño de 4 años y 7 meses remitido por presentar retraso en varias áreas del desarrollo. Presenta un lenguaje menor de lo esperable para la edad tanto con respecto a expresión como comprensión, con ecolalias. Babeo frecuente. Sube escaleras de manera alterna, pero no las baja. Flexiona cuando corre. Busca a los padres y le gusta estar con ellos, pero suele hacer juego paralelo sin compartirlo; es tímido y reprocha. Hace juego simbólico, no rehuye la mirada, ni el contacto físico.

3. Antecedentes personales: Embarazo: controlado, varicela en el tercer mes. Parto: cefálico, eutócico. Peso al nacer: 3.260 gr. Llanto inmediato. No recuerda resultado de *screening* de metabolopatías. Alimentación variada y completa. Calendario de vacunas: completo para la edad. Enfermedades: sin interés.

4. Antecedentes familiares: Madre de 34 años sana y padre de 42 años sano. Viven separados. Hermana de 9 años sana. No consanguinidad. No antecedentes de retraso mental, ni epilepsia.

5. Exploración física: Peso: 20.000 gr (p75). Talla: 109 cm (p75) PC: 51 cm (p50). Impresión de psiquismo disminuido para la edad. Abdomen globuloso, tendencia a la hiperlordosis, tono muscular discretamente disminuido. Tiende a rehuir la mirada, aunque si se lo piden la mantiene. No quiere que lo toquen. Se agota precozmente en la ejecución de órdenes.

6. Exploraciones complementarias: Análisis de sangre, cariotipo, EEG y RNM cerebral dentro de los límites de la normalidad.

7. Juicio diagnóstico: Retraso psicomotor.

8. Recomendaciones: Deberá seguir un programa de educación específico adaptado a las capacidades del niño, para lo cual deberá ser evaluado por el servicio psicopedagógico.

EVALUACIÓN PSICOPEDAGÓGICA: SEGUIMIENTO

Nombre y apellidos: Javier
Fecha de nacimiento: 28-11-99
Edad: 4 años y 10 meses
Curso: Educación Infantil (5 años)
Fecha de examen: 13-10-05

MOTIVO DE EVALUACIÓN

Seguimiento y valoración de las necesidades educativas especiales del alumno.

INSTRUMENTOS UTILIZADOS

1) Escala de Inteligencia para Preescolar y Primaria de Wechsler (WPSSI).
2) Nivel actual de competencias.
3) Observación del alumno.

DATOS RELEVANTES DE LA HISTORIA Y DESARROLLO GENERAL

Evolutivo-salud: Varicela durante el embarazo.

Escolar: Interacciones escasas. Actividades en paralelo.

Familia-social: Padres separados.

FACTORES SIGNIFICATIVOS PARA LA PROPUESTA CURRICULAR

Nivel actual de competencias: Tiene un retraso madurativo de dos años en lenguaje, psicomotricidad y en la adaptación personal/social (relaciones sociales).

Presenta un nivel de competencias que se sitúa en Educación Infantil de 3 años en matemáticas y lenguaje.

Observaciones: Retraso madurativo generalizado.

Capacidades cognitivas y estilo de aprendizaje:

Nivel de aptitudes para el aprendizaje inferior respecto a los alumnos de su edad con un CI verbal de 44, un CI manipulativo de 45 y un CI de 44.

La actitud de Javier es de poco interés por las actividades escolares. No finaliza las tareas y se frustra ante las dificultades. No se esfuerza en la realización de las actividades y no encuentra satisfacción cuando las acaba. Precisa que se le proporcionen refuerzos y acepta hacer actividades diferentes de las que realizan los demás.

Se distrae con facilidad ante cualquier estímulo. Presenta dificultades de comprensión.

Hábitos de trabajo: Es capaz de trabajar de forma autónoma, aunque necesita supervisión frecuente. Trae los materiales, los ordena antes de la actividad y cuida de ellos.

Presenta dificultades para planificar el trabajo, corregir los errores y presentar los trabajos con orden y limpieza. Tiene un ritmo de trabajo lento.

Las mejores situaciones para el aprendizaje son individualmente en el aula ordinaria, en grupos pequeños y a solas con el profesor de apoyo.

Observaciones: Necesita tratamiento logopédico.

CONCLUSIONES Y RECOMENDACIONES

Necesidades educativas especiales temporales derivadas de una discapacidad intelectual y de la historia personal.

De acuerdo con la evaluación psicopedagógica realizada, se recomienda la elaboración de un programa de refuerzo, tratamiento logopédico y trabajo con el profesor de Pedagogía Terapéutica.

ESTUDIO DE CASO 3

Alumna: María
Edad: 5 años
Fecha de nacimiento: 16-12-1998
Nivel: Educación Infantil (5 años)
Curso: 2003-2004

RESUMEN DE LA ANAMNESIS

María es una niña que recibe tratamiento logopédico en dos sesiones grupales de 45 minutos semanales. En los cursos 2001-02 y 2002-03 se le realizaron evaluaciones logopédicas al detectarse un retraso madurativo del lenguaje.

María fue operada del telo de la lengua al final del curso pasado. Se les dieron, a los padres, diversos ejercicios para la estimulación del órgano.

EVALUACIÓN INICIAL

1) **Evaluación de los prerrequisitos verbales**

- **Atención:** Muy baja. Actividad constante.
- **Percepción:** Utiliza el lenguaje para expresarse, pero éste está lleno de dislalias y de incorrecciones gramaticales.
- **Imitación:** Presenta dificultades para reproducir más de dos palabras. Es incapaz de imitar una frase completa sin errores.
- **Memoria:** Baja memoria visual y auditiva.

2) **Exploración del lenguaje**

- **Análisis fonético-fonológico:** Hace todo tipo de incorrecciones: sustituciones, omisiones, adiciones.

- **Análisis lexicosemántico:**
  - Expresión: Utiliza frases simples. Tiene un vocabulario reducido para su edad. Las frases están mal estructuradas sintácticamente.
  - Comprensión: Aun cuando la comprensión es mejor que la expresión, también se detectan algunas alteraciones, sobre todo, cuando se trata de conceptos espaciales y temporales.
- **Análisis morfosintáctico:** Es pobre. La estructura de la frase es muy simple. Carencia de nexos y preposiciones. La forma verbal que más utiliza es el presente. Los adverbios se limitan al sí / no.
- **Análisis pragmático:** Tiene ganas de comunicarse, pero no sabe expresar deseos, ni pedir cosas oralmente. Cuando quiere algo, utiliza la fuerza.

3) Evaluación de otros aspectos de interés

- **Realización de praxias bucofaciales:** Presenta alguna dificultad, sobre todo, en las praxias linguales. No vibra la lengua.
- **Tipo de respiración:** Costodiafragmática.

4) Valoración global

Retraso madurativo del lenguaje.

SEGUIMIENTO DURANTE EL CURSO

1) Reeducación fonológica:

- Actividades articulatorias.
- Reconocimiento de sonidos.
- Praxias labiolinguales.
- Ejercicios de relajación.
- Respiración.

2) Desarrollo semántico:

- Nombrar objetos y describir sus características.
- Parecidos y diferencias.

- Familias de palabras.
- Sinónimos y antónimos.

3) Desarrollo sintáctico:

- Respuestas a preguntas del tipo: ¿qué hace?, ¿por qué?, ¿dónde?, ¿cuándo?...

4) Desarrollo pragmático:

- Relato de cuentos e historias para que pueda expresar sentimientos, emociones, etc.

EVALUACIÓN FINAL

1) Evaluación de los prerrequisitos verbales

- **Atención:** Se está sentada y más o menos quieta todo el tiempo que dura la sesión.
- **Percepción:** Su lenguaje es más inteligible, pero continúa realizando muchas dislalias que se acentúan más en el lenguaje espontáneo.
- **Imitación:** Imita frases, pero con dislalias y también suele dejarse algún elemento de la frase.
- **Memoria:** Al centrar más la atención, ha mejorado tanto su memoria visual como la auditiva.

2) Exploración del lenguaje

- **Análisis fonético-fonológico:** María hace incorreciones como por ejemplo:
    - Sustitución de /l/ por /r/ (e.g., *madela* por *madera*).
    - Omisión de /r/ en trabades (e.g., *ten* por *tren*).
    - Sustitución de /t / por /c/ (e.g., *toche* por *coche*).
    - Sustitución de /g/ por /d/ (e.g., *dato* por *gato*).
    - Omisión de /l/ en trabadas (e.g., *cavel* por *clavel*).
    - Omisión de /y/ consonántica (e.g., *ogur* por *yogur*).
    - Omisión de la /p/ intermedia (e.g., *camana* por *campana*).
    - Sustitución de /p/ por /b/ (e.g., *zabato* por *zapato*).

- Sustitución de /ll/ por /l/ (e.g., *toala* por *toalla*).
- Sustitución de /r/ por /l / (e.g., *golo* por *gorro*).

- **Análisis lexicosemántico:** La expresión, para un niño más pequeño, se consideraría bastante normal. Pero con 5 años, María presenta un retraso en este aspecto. Su vocabulario ha aumentado.
- **Análisis morfosintáctico:** Las frases son más largas y estructuradas, pero el nivel está todavía por debajo de su edad.
- **Análisis pragmático:** María muestra ganas de comunicarse, así como de expresar sus sentimientos y emociones.

3) Evaluación de otros aspectos de interés

- **Realización de praxias:** Las hace con más seguridad, pero continúa sin vibrar la ll.
- **Tipo de respiración:** Correcta.

ORIENTACIONES

María continuará con el tratamiento logopédico el próximo curso.

| **ESTUDIO DE CASO 4** |
| **Adaptación parcial de Del Campo, Palomares y Arias (1997)** |

Nombre y apellidos: Carlos
Fecha actual: 24-01-1995
Fecha de nacimiento: 15-07-87
Edad cronológica: 7a 6m
Nivel: 2º de Educación: Primaria
Centro escolar: Concertado
Petición de: Profesora

1. ANTECEDENTES

Ninguna valoración previa realizada, ni tratamiento recibido. No toma ninguna medicación.

2. MOTIVO DE VALORACIÓN

Dificultades en el área de lectoescritura. Conocimiento del nivel de desarrollo intelectual.

3. HISTORIA PERSONAL

Antecedentes familiares

Sin datos significativos. De la anamnesis se deduce un comportamiento materno más bien autoritario.

Datos evolutivos

Embarazo y parto normales.
Desarrollo evolutivo: Marcha: 9 meses, lenguaje: primeras palabras con 8 meses.

Historia clínica

- Varicela. Operada de amígdalas.
- Al año y medio, problema de respiración con asistencia a urgencias, diagnosticado de cierre de un anillo de la laringe.

Antecedentes escolares

Desde el curso 1994-95, escolarizado en colegio religioso, donde continúa cursando 2° curso de Educación Primaria.

Tratamientos específicos

Ninguno.

4. ASPECTOS SOCIO-FAMILIARES

Composición familiar

Familia compuesta por los padres de 57 y 55 años, respectivamente, y seis hijos de 22, 19, 15, 12, 10 y 7 años, respectivamente.

Situación socioeconómica y cultural

Nivel socioeconómico medio. El nivel cultural paterno es de estudios superiores, y el de la madre, de estudios medios.

5. PROCEDIMIENTO DE VALORACIÓN

Técnicas y pruebas aplicadas

- Entrevista con la familia
- Sesiones de observación individual y en grupo pequeño.
- Adminstración de pruebas para el estudio de:
  - Niveles intelectuales: inteligencia general (WISC-R), inteligencia verbal (Terman-Merrill), inteligencia reactiva (Raven).
  - Adaptación personal y social: Corman, Rotter, Koch.

- Desarrollo sensoperceptivo: Reversal, Bender, lateralidad, orientación espaciotemporal.
- Aprendizajes básicos: Bohem, Test de Aptitudes Cognoscitivos, pruebas pedagógicas no estandardizadas.

Conducta durante la exploración

Desde el comienzo de la evaluación el niño se manifiesta agradable, de trato dulce, colaborador e incluso hablador, pero dentro de un contexto de madurez poco común para su edad. Las pruebas en las que contesta por escrito le suponen una gran dificultad y le generan un alto índice de fatiga, aunque se muestra perseverante cuando él lo considera útil (Rotter).

Los síntomas más representativos de su situación actual son los sentimientos de infravaloración y baja autoestima, derivados de su situación escolar, que le colocan en inferioridad con respecto al resto de sus compañeros. No se descanta la posibilidad de que repita curso, tal como manifiesta la profesora ("si no acelero..."), dado que existen claros signos de inadaptación escolar aguda.

En el ambiente familiar se notan señales de identificación con la figura paterna, acercamiento a la materna y a su hermana mayor. Hay indicadores de rechazo hacia la pequeña de las hermanas.

6. VALORACIÓN FUNCIONAL DE LOS DATOS OBTENIDOS

Área cognitiva

Desarrollo intelectual muy superior al correspondiente a su edad cronológica, confirmándose que se trata de un alumno superdotado. Sin embargo, el desarrollo psicomotor no es el adecuado para su edad. Muestra un bajo tiempo de reacción en actividades motoras, así como dificultades en la coordinación segmentaria del gesto motor fino que provocan una lentitud en la expresión gráfica.

Las dificultades señaladas en el ámbito grafomotor, ante el desarrollo intelectual del niño, crean sentimientos de insatisfacción personal que provocan reacciones adversas como rebeldía y agresividad, tendencia a la ley del mínimo esfuerzo, junto con sentimientos de inadaptación escolar.

En la Escala de Inteligencia de Wechsler ha obtenido un cociente intelectual verbal de 145, manipulativo de 128 y general de 145. En esta escala se ponen de manifiesto sus aptitudes verbales, logrando puntuaciones máximas en cuatro de las cinco subpruebas. Aparecen diferencias significativas entre los resultados de las pruebas verbales y manipulativas, especialmente en la subprueba de "claves" (rapidez motora) en la que obtiene una puntuación pobre.

En la prueba de Terman obtiene una cociente intelectual de 153 y una edad mental de 11 años y 6 meses (tres años por encima de su edad cronológica).

La aplicación del Test de Raven (escala de color) no resulta válida, puesto que no ha cometido ningún error.

En relación con al ámbito escolar, se le administra el test de aptitudes cognoscitivas, logrando una puntuación centil de 99, respecto a la madurez general, y percentiles de 99, 99, 97 y 95 en las áreas de comprensión verbal, espacial y temporal, aptitud lógica y aptitud numérica, respectivamente.

La inmadurez en aspectos relacionados con la psicomotricidad y específicamente con el área grafomotora, se hace sentir, nuevamente, en la prueba del Dibujo de la Figura Humana. Reproduce la figura humana con imperfecciones, ausencia de elementos propios de su edad y trazos inseguros (aún cuando mantiene proporciones).

Adaptación personal y social

Es un niño agradable, tranquilo, de fácil conversación con el interlocutor y que da muestras de una gran madurez y razonamiento muy superior a su edad cronológica. Confiesa no querer ir a la escuela porque se aburre.

Hay una identificación con el padre respeto a su carácter, no tiene una buena relación con la hermana mayor que lo precede y manifiesta "querer a su madre, aunque es rechazado por ella, por sus resultados académicos".

Muestra síntomas de inadaptación escolar.

Área de lenguaje y comunicación

Presenta un nivel expresivo y comprensivo superior a su edad. Utiliza expresiones, léxico y locuciones verbales propias de tres años más de edad cronológica.

Desarrollo sensoperceptivo-motor

Carlos presenta una lateralidad diestra bien definida. Se orienta y estructura el espacio con seguridad.

En la prueba de coordinación visomotora, los resultados están de acuerdo con su edad cronológica, a diferencia de los logrados en las pruebas de inteligencia.

El Reversal Test vuelve a dar datos que están de acuerdo con su edad (PC 60). Ha cometido ocho errores, siete de los cuales pertenecen a ítems de simetría simple, derecha-izquierda.

Existen dificultades generalizadas en el ámbito psicomotor, especialmente en movimientos de coordinación visomanual del gesto motor fino y grueso que, evidentemente, debe proyectarse en el ámbito de la escritura, condicionando todo el proceso escolar, en el caso de no tenerse en cuenta.

En relación con la coordinación dinámica general, no se muestra capaz de dar un solo bote con una pelota de goma de 6 cm de diámetro. No puede dar dos botes seguidos a la pata coja y no controla con el pie cuando golpea una pelota. Se muestra incapaz de dar saltos estimulantes, abriendo y cerrando las piernas lateralmente, siguiendo una secuencia rítmica, así como tampoco con cruces anterioposteriores alternativos de piernas.

Autonomía personal

Adecuada a su edad. Se han hecho pruebas y exposición de situaciones, tratando de valorar su creatividad, los resultados de las cuales han sido muy satisfactorios, desde un punto de vista cualitativo.

Aprendizajes básicos

- Supera sin errores la prueba de Conceptos Básicos de Boehm.

- El nivel de lectura es el de su curso. Lee con una velocidad media de 88 p/m en textos de 2º de Primaria.
- La escritura constituye la mayor dificultad, debido a su lentitud y el esfuerzo que le supone; coge el lápiz de forma engarrotada, sin agilidad articular y con cierta tensión que imposibilita la coordinación de los distintos segmentos del miembro con el que escribe.
- En el área matemática es capaz de leer cantidades de hasta ocho cifras, respondiendo con seguridad. Suma, resta y multiplica, aun cuando comete algún error. En alguna ocasión, empieza una operación por la izquierda, pero reacciona cuando se le advierte del error.

Estilo de aprendizaje y motivación para aprender

Prefiere el trabajo individual en la realización de las tareas escolares. El aburrimiento escolar del que habla, propio de sus condiciones y circunstancias, deberá ser reconducido por el profesor.

7. CONCLUSIONES Y MODALIDAD EDUCATIVA RECOMEN-DADA

Diagnóstico

Desarrollo intelectual muy superior; se puede considerar superdotado. Por otro lado, el nivel sensoperceptivo está de acuerdo con su edad, de forma que se produce un desajuste que, de no tenerse en cuenta, provoca sentimientos de infravaloración y pesimismo, acentuado por las críticas de la profesora y los constantes reproches de la madre.

Modalidad educativa recomendada

Continuar con la actual modalidad de escolarización, aunque debe considerarse su alto nivel intelectual. Se propone realizar una adaptación curricular (e.g.. enriquecimiento de algunas áreas, cuyos contenidos le producen indiferencia y asco).

8. ORIENTACIONES

Escolares

Necesidades educativas especiales

- Atención específica en el área de la escritura, prestando especial atención a los contenidos (procurando que estos tengan interés y motiven sus intereses, de acuerdo con su nivel intelectual).
- Agilización e interiorización de los automatismos del cálculo.

Condiciones generales de enseñanza / aprendizaje

- Recomendable trabajar dentro de un clima y motivación constante.
- Potenciar el desarrollo sensoperceptivo, que elimine o, al menos, pueda disminuir las dificultades existentes y, sobre todo, reduzcan las diferencias respeto al nivel intelectual.
- Trabajar en grupo pequeño toda el área psicomotriz, destacando los ejercicios de coordinación de gesto motor fino, relacionados con la escritura, y en actividades de coordinación visomanual. Intentar que el tiempo de ocio lo utilice equilibrando la ejercitación mental (a la cual tiende) y la manipulativa.

Familiares

Ofrecerles asesoramiento familiar y pautas de conducta a seguir, procurando actuar siempre desde un mismo frente y teniendo mucho cuidado de las relaciones con la hermana mayor.

Personales

Se recomiendan sesiones de atención individualizada para mejorar su adaptación al medio y la aceptación de sus posibilidades intelectuales. Asimismo, se aconseja proceder a una revisión bianual para seguir de cerca las necesidades educativas del alumno.

Referencias bibliográficas

Aiken, L. R. (1996). *Tests psicológicos y evaluación* (8ª ed.) (Trad. de la obra en inglés *Psychological testing and assessment*). Madrid: Pearson-Prentice Hall.

Algozzine, B., Christenson, S. y Ysseldyke, J. (1982). Probabilities associated with the referral-to-placement process. *Teacher Education and Special Education, 5,* 19-23

Alonso Tapia, J. (1995). Evaluación del potencial de cambio intelectual, aptitudinal y de aprendizaje. En R. Fernández Ballesteros (Ed.), *Introducción a la evaluación psicológica* (Vol. 1, pp. 453-494). Madrid: Pirámide.

Anguera, M. T. (1978). *Metodología de la observación en las ciencias humanas*. Madrid: Cátedra.

Anguera, M. T. (1989). La observación (I): Problemas metodológicos. En R. Fernández Ballesteros y J. Carrobles (Eds.), *Evaluación conductual* (pp. 278-319). Madrid: Pirámide.

Anguera, M. T. (1991). *Metodología observacional en la investigación psicológica*. Barcelona: PPU.

Bassedas, E. *et al.* (1991). *Intervención educativa y diagnóstico psicopedagógico*. Barcelona: Paidós.

Bellack, A. S. y Hersen, M. (1977). Self-report inventories in behavioral assessment. En J. D. Cone y R. P. Hawkins (Eds.), *Behavioral assessment. New directions in clinical psychology*. Nueva York, NY: Brunner/Mazel Pub.

Boudon, R. (1967). Les relations causales: problèmes de definition et de verification. *Revue Française de Sonologie, 8*, 389-402.

Brueckner, L. J. y Bond, G. L. (1981). *Diagnóstico y tratamiento de las dificultadas de aprendizaje*. Madrid: Rialp.

Buisán, C. y Marín, M. Á. (1987). *Cómo realizar un diagnóstico pedagógico*. Barcelona: Oikos-Tau.

Carrobles, J. A. I. (1981). Técnicas psicofisiológicas. En R. Fernández Ballesteros y J. A. Carrobles (Dir.), *Evaluación conductual*. Madrid: Pirámide.

Choppin, B. H. (1990). Evaluation, assessment and measurement. En H. J. Walberg y G. D. Haertel (Ed.), *The international encyclopedia of educational evaluation*. Oxford: Pergamon Press.

Chorot, P. (1984). Perspectivas actuales y futuras de la evaluación psicológica. *Revista de Psicología General y Aplicada, 39*(2), 281-312.

Ciminero, A. R., Nelson, R. O. y Lipinski, D. P. (1977). Self-monitoring procedures. En A. R. Ciminero, K. S. Calhoun y H. E. Adams (Eds.), *Handbook of behavioral assessment* (pp. 195-232). Nueva York, NY: Wiley.

Cohen, J. (1988). *Statistical power analysis for the behavioral sciences*. Hillsdale, NJ: Erlbaum.

Cronbach, L. J. (1950). Further evidence on response sets and test design. *Educational and Psychological Measurement, 10*, 3-31.

Del Campo, M. E., Palomares, L. y Arias, T. (1997). *Casos prácticos de dificultades de aprendizaje y necesidades educativas especiales. Diagnóstico e intervención psicoeducativa* (pp. 325-330). Madrid: Centro de Estudios Ramón Areces.

Dueñas, M. L. (2002). *Diagnóstico pedagógico*. Madrid: UNED.

Evertson, C. y Green, J. (1989). Observation as inquiry and method. En M. C. Wiltrock (Ed.), *Handbook of research on teaching* (pp. 162-213). Nueva York: MacMillan.

Eysenck, H. J. (1959). *Estudio científico de la personalidad*. Buenos Aires: Paidós.

Fernández Ballesteros, R. (1983). *Psicodiagnóstico I*. Madrid: UNED.

Fernández Ballesteros, R. (1987). *Psicodiagnóstico. Concepto y metodología*. Madrid: Cincel-Kapelusz.

Fernández Ballesteros, R. (1989). Perspectiva histórica de la evaluación conductual. En R. Fernández Ballesteros y J. A. I. Carrobles (Ed.). *Evaluación conductual* (5ª ed., pp. 33-64). Madrid: Pirámide.

Fernández Ballesteros, R. (1992). *Introducción a la evaluación psicológica I*. Madrid: Pirámide.

Fernández Ballesteros, R. y Calero, M. D. (1992). Técnicas objetivas: instrumentación y aparatos. En R. Fernández Ballesteros, *Introducción a la evaluación psicológica* (pp. 183-217). Madrid: Pirámide.

Fernández Ballesteros, R. y Carrobles, J. A. I. (1981). Evaluación *versus* tratamiento. En R. Fernández Ballesteros y J. A. I. Carrobles (Dir.),

Evaluación conductual. Metodología y aplicaciones (pp. 153). Madrid: Pirámide.

Fernández Ballesteros, R.; Vizcarro, C. y Márquez, M. O. (1992). Técnicas proyectivas. (Vol. 1, pp. 314-346). En R. Fernández Ballesteros (Ed.), *Introducción a la evaluación psicológica*. Madrid: Pirámide.

Fernández Sanchidrián, R. (1986). Tests mentales. En S. Molina (Dir.), *Enciclopedia temática de educación especial* (pp. 540-555). Madrid: CEPE.

Fernández Torres, P. (1991). *La función tutorial*. Madrid: Castalia.

Fierro, A. (1984). Modelos psicológicos de análisis del retraso mental. *Papeles del Colegio de Psicólogos, 14* , 5-8.

Font, L. (1986). *Test de la Familia*. Barcelona: Oikos-Tau.

Frank, L. K. (1939). Projective methods for the study of personality. *Journal of Psychology, 8*, 389-404.

Fuchs, D., Fernstrom, P., Scott, S., Fuchs, L. Y Vandermeer, L. (1994). Clasroom ecology inventory. *Teaching Exceptional Children, 45* (2), 14-15.

García Nieto, N. (1990). El diagnóstico pedagógico y la orientación educativa unidos en un mismo proceso. *Bordón, 42*(1), 73-78.

Genest, M. y Turk, D. C. (1981). Think-aloud approaches to cognitive assessment. En T. V. Merluzzi, C. R. Glass y M. Genest (Eds.), *Cognitive assessment* (pp. 233-269). Nueva York, NY: Guilford.

Gerber, M. M. y Semmel, M. K. (1984). Teacher as imperfect test: Reconceptualizing the referral process. *Educational Psychologist, 29*(3), 137-148.

Graden, J., Casey, A. y Christenson, S. (1985). Implementing a prereferral intervention system: Parte I. The model. *Exceptional Children, 51*, 377-384.

Granados, P. (1993). *Diagnóstico pedagógico*. Addenda. Madrid: UNED.

Grant, R. y Maletzky, B. (1972). Application of the weed system to psychiatric records. *Psychiatry and Medicine, 3*, 119-129.

Grzib, G. (1981). Los test psicológicos. En J. F. Morales Domínguez (Coord.), *Metodología y teoría de la psicología* (Vol. 2, pp. 119-146). Madrid: UNED.

Haladyna, T. M. y Downing, S.M. (1993). How many options is enough for a multiple-choice test? *Educational and Psychological Measurement, 53*, 999-1000.

Hallahan, D. P., Kauffman, J. M. y Lloyd, J. (1996). *Introduction to learning disabilities*. Boston, MA: Allyn y Bacon.

Harvey, V. (1991). Characteristics of children referred to school psychologists: A discriminant analysis. *Psychology in the Schools, 28*, 209-218.

Hundleby, J. D. (1973). The measurement of personality objective tests. En P. Kline (ed.), *New approach in psychological measurement*. Nueva York, NY: Institute for Personality and Ability Testing.

Kamphaus, R. W., Reynolds, C. R. y Imperato-McCammon, C. (1999). Roles of diagnosis and classification in school psychology. En C. R. Reynolds y T. B. Gutkin (Eds.), *The handbook of school psychology* (pp. 292-306). Nueva York: John Wiley & Sons.

Kelly, E. L. (1967). *Assessment of human characteristics*. Belmont, CAN: Brooks-Cole.

Kirchner, T., Torres, M. y Hornos, M. (1998). *Evaluación psicológica: modelos y técnicas*. Barcelona: Paidós.

Lázaro, A. J. (1994). ¿Se evalúa y/o se diagnostica? *Revista de Investigación Educativa, 23*, 592-594.

Lindzey, G. (1961). *Projective techniques and cross-cultural research*. Nueva York, NY: Appleton-Century-Crofts.

Linn, R. L. y Gronlund, N. E. (1995). *Measurement and assessment in teaching* (7ª ed.). Englewood Cliffs, NJ: Prentice-Hall.

Lloyd, J. W., Kauffman, J. M., Landrum, T. J. y Roe, D. L. (1991). Why do teachers refer pupils for special education? An analysis of referral records. *Exceptionality, 2*(3)115–126.

Luria, A. R. (1979). *Conciencia y lenguaje*. Madrid: Pablo del Río.

Maganto, J. M. (1996). *Diagnóstico en educación*. Bilbao: Servicio de Publicaciones de la Universidad del País Vasco.

Maloney, M. y Ward, M. (1976). *Psychological assessment: A conceptual approach*. Nueva York, NY: Oxford University Press.

Marí, R. (2001). *Diagnóstico pedagógico. Un modelo para la intervención psicopedagógica*. Barcelona: Ariel.

Martínez, R. (1993). *Diagnóstico pedagógico*. Oviedo: Servicio de Publicaciones de la Universidad de Oviedo.

McIntyre, L. (1988). Teacher gender: A predictor of special education referral? *Journal of Learning Disabilities, 21*, 382-384.

McMillan, J. H. (1996). *Educational research. Fundamentals for the consumer*. Nueva York, NY: Harper Collins.

Mitman, A. L. (1985). Teachers' differential behavior toward higher and lower achieving students and its relation to selected teacher characteristics. *Journal of Educational Psychology, 77*, 149-161.

Nay, W. (1979). *Multimethod clinical assessment*. Nueva York, NY: Gardner.

Nelson, J. R., Smith, D. J., Taylor, L., Dodd, J. M. y Reavis, K. (1992). A statewide survey of special education administrators regarding mandated prereferral interventions. *Remedial and Special Education, 13*(4), 34-39.

Overton, T. (1996). *Assessment in special education. An applied approach.* Upper Saddle River, NJ: Prentice-Hall.

Parra, J. (1996). *Diagnóstico en educación.* Barcelona: PPU.

Pelechano, V. (1976). *Psicodiagnóstico. Unidades didácticas.* Madrid: UNED.

Pelechano, V. (1978). *Apuntes de psicodiagnóstico.* València: Promolibro.

Pervin, L. (1978). *Personalidad: teoría, evaluación e investigación.* Bilbao: Desclée de Brower.

Piaget, J. (1971). *Los estudios psicológicos del niño.* Buenos Aires: Nueva Visión.

Pierangelo, R. y Giuliani, G. (1998). *Special educator's complete guide to 109 diagnostic tests.* San Francisco, CA: Jossey-Bas.

Reschly, D. (1986). Functional psychoeducational assessment: Trends and issues. *Special Services in the Schools, 2,* 57-69.

Rodríguez Espinar (1986). *Orientación educativa. Proyecto docente e investigador.* Barcelona: Universitat de Barcelona (documento no publicado).

Salvia, J. y Ysseldyke, J. (1988). *Assessment in special and remedial education* (4ª ed.). Boston: Houghton Mifflin.

Sattler, J. M. (1996). *Evaluación infantil.* México: Manual Moderno.

Sax, G. (1997). *Principles of educational and psychological measurement and evaluation* (4ª ed.). Belmont, CAN: Wadsworth Publishing Company.

Sax, G. y Cromack, T. R. (1966). The effects of various forms of item arrangements on test performance. *Journal of Educational Measurement, 3,* 309-311.

Schmidt, L. R. y Kessler, B. H. (1976). *Anamnese: Methodische Probleme, Erhebungsstrategien und Schemata.* Weinheim: Beltz.

Shinn, M., Tindal, G. y Spira, D. (1987). Special education referrals as an index of teacher tolerance: Are teachers imperfect tests? *Exceptional Children, 54,* 32-39.

Soodack, L. C. y Podell, D. M. (1993). Teacher efficacy and student problem as factores in special education referral. *The Journal of Special Education, 27*(1), 66-81.

Suárez, A. (1995). *Dificultadas en el aprendizaje.* Madrid: Santillana.

Tallent, N. (1988). *Psychological report writing.* Englewood Cliff, NJ: Prentice Hall.

Tenbrink, T. D. (1997). *Evaluación. Guía práctica para profesores* (4ª ed.). Madrid: Narcea.

Thurlow, M., Christenson, S. y Ysseldyke, J. (1983). *Referral research: An integrative summary of findings* (Research Report No. 141). Minneapolis, MÍ: University of Minnesota, Institute for Research on Learning Disabilities.

Trevisan, M. S., Sax, G. y Michael, W. B. (1994). Estimating the optimum number options for item using an incremental option paradigm. *Educational and Psychological Measurement, 54* , 86-91.

Weed, L. L. (1970). *Medical records, medical evaluation and patient care.* Cleveland: Vestern Reservo University.

Williams, F. (1982). *Razonamiento estadístico.* México: Interamericana.

Witkin, H. A. y Berry, J. W. (1975). Psychological differenciation in cross-cultural perspective. *Journal of Cross-Cultural Psychology, 6*(1), 4-87.

Witkin, H. A., Goodenough, D. R. y Oltman, P. K. (1979). Psychological differenciation: Current status. *Journal of Personality and Social Psychology, 37*, 1127-1145.

Ysseldyke, J. E., Algozzine, B. y Thurlow, M. L. (1992). *Critical issues in special education.* Boston, MA: Houghton-Mifflin.

Ysseldyke, S. (2004). *Assessment in special and inclusive education.* Boston, MA: Houghton-Mifflin.